Allitera Verlag

edition monacensia
Herausgeber: Monacensia
Literaturarchiv und Bibliothek
Dr. Elisabeth Tworek

Claudia Denk, Dr. phil., Kuratorin und Geschäftsführerin der Christoph Heilmann Stiftung am Lenbachhaus. 2007 gab sie zusammen mit John Ziesemer den Tagungsband des ICOMOS Symposiums »Der bürgerliche Tod« heraus und 2014 »Kunst und Memoria. Der Alte Südliche Friedhof in München«.

Michael Stephan, Dr. phil., ist seit 2008 Leiter des Stadtarchivs München. Er ist Herausgeber der im Allitera Verlag erscheinenden Queri-Werkausgabe und Mitarbeiter an der Pocci-Werkausgabe.

Josef Ruederer

Das Grab des Herrn Schefbeck

Eine Münchner Geschichte

Herausgegeben und mit Erläuterungen und Nachworten versehen von Claudia Denk und Michael Stephan

Allitera Verlag

Weitere Informationen über den Verlag und sein Programm unter:
www.allitera.de

August 2015
Allitera Verlag
Ein Verlag der Buch&media GmbH, München

Herstellung: Kay Fretwurst, Freienbrink
Umschlaggestaltung unter Verwendung einer Fotografie
von Michael Forstner, Alter Südlicher Friedhof München
Printed in Germany · ISBN 978-3-86906-689-9

Inhalt

Titelseite der Ausgabe von 1912

Josef Ruederer

Das Grab des Herrn Schefbeck. Eine Münchner Geschichte

Der Herr Michael Karl Borromäus Schefbeck war gerade dreiundfünfzig Jahre, vier Monate und einen Tag alt, als ihn an einem schönen Oktobernachmittag ein Schlaganfall aus diesem Leben abrief. Mitten in voller Kraft und bei segensreicher Tätigkeit ereilte es ihn. Im Kaffeehaus, in Gesellschaft seiner drei besten Freunde, beim Tarock. Er hatte eine Zigarre im Munde, das schönste Herzsolo in der Hand, da plötzlich sah er, wie seine Spielgenossen leichenblaß wurden, wie sie ihn anstarrten, und wie sie die Karten wegwarfen. Er wollte noch schimpfen, weil ihn das schöne Spiel reute, da fiel ihm die Zigarre aus dem Munde, er wollte noch die As trumpfen, da machte er eine Bewegung nach rückwärts, er wollte sich noch dagegen stemmen, da fiel er unter den Tisch.

»Au weh! Sakra! Den hat's!« So tönte es aufgeregt an sein Ohr. Und in das unverfälschte Münchnerisch der Freunde und Kaffeehausbesucher mischte sich aus den höheren Sphären das tadellose Hochdeutsch der singenden Engel und Cherubime.

Herumgeschleudert zwischen uferlosem Schrecken und schweißtreibender Angst, glaubte Herr Schefbeck jeden Augenblick sein Urteil zu vernehmen. Er sah sein ungeheures Schuldbuch aufgeschlagen, alles sauber notiert, jede Lüge, jede Völlerei, jede Unkeuschheit, vom ersten Tage bis heute. Doch auch von unten, tief aus der Erde, kamen sonderbare Geräusche. Der eben Entschlafene meinte in angemessenen Zwischenpausen das Fegefeuer prasseln zu hören, ja, einmal war's ihm sogar, als schlüge der Teufel mit einem Schürhakl vielsagend auf die eisernen Bratkessel der Hölle. Dazwischen, und das war das Tollste, hörte er dann wieder die Stimmen der Gäste, des Wirtes und der eilig herbeigeholten Mannschaft der Sanitätskolonne. Er merkte deutlich, wie man künstliche Atmungsversuche mit ihm anstellte, wie man ihn zur Ader ließ, und wie man ihn, als schließlich auch noch ein Arzt im Namen der Wissenschaft mit Achselzucken den sicheren Tod konstatiert hatte, in den höchst simplen Leichenwagen für Unglücksfälle lud.

Ein ganz verrückter Zustand. Und doch nicht mehr so neu. Herr Schefbeck hatte früher manchmal recht lebhaft geträumt. Vom Tode, vom Nimmererwachen, vom Starrkrampf und Lebendigbegraben-werden. Trotzdem hatte er dabei alles beobachtet, was um ihn vorging. Jetzt war er mit seinen Empfindungen genau so festgelegt und so gebunden, nur gab es diesmal nicht das große, befreiende Erwachen aus dem drückenden Schlafe, nicht den tiefen, erquickenden Atemzug, der am Morgen alles Blendwerk von dannen scheucht. Diesmal, war er tot, wirklich tot. Und die liebe Menschheit hielt ihm vom Kaffeehaus weg über den Bürgersteig die herrlichste Leichenrede.

An der Spitze die drei Tarockbrüder mit erschütterten Mienen.

»Was wird sei' Frau sag'n?« flüsterte der eine.

»Die tröst' sich scho' wieder«, sagte der andere.

»Hat sich sowieso scho' manchmal tröst'«, meinte der dritte.

Und sie nickten alle drei mit den Köpfen, ja, es war Herrn Schefbeck in seinem Verschlage, als lachten sie dabei so laut, wie es der feierliche Ernst solch tragischer Situation und die angesammelte Menschenmenge erlaubte.

Darüber empfand er eine fürchterliche Wut. Er hatte niemals Philosophie studiert, aber so viel Erkenntnistheoretiker war er doch, daß er sich fragte, was dieses Erdenleben wert sei. Kaum war er kalt, da warfen die Leute, die sich immer seine Freunde genannt hatten, den ersten Stein auf seine wehrlose Gattin. Mit Grund? Nimmermehr. Zwar hatte Herr Schefbeck im Laufe seiner fünfjährigen Ehe so manchen Verdacht gehegt; eifersüchtig war er schon öfter gewesen, sogar erst vor kurzem. Auf einen ungarischen Grafen, einen bildsauberen Burschen. Aber da war nichts dahinter. Der junge Mensch verkehrte bei ihm, allerdings. Er war auch mit ihm und Frau Schefbeck einen Winter in Monte Carlo gewesen, in Monte Carlo, wohin Herr Schefbeck immer so gerne ging. Hatte sie beide spielen gelehrt und in München auf zwei bis drei Bal parés begleitet. Aber es verkehrten doch auch andere Herrschaften im Hause, es machten doch auch dritte Frau Olly den Hof. Hohe Adlige aus Rumänien und Serbien. Ja, auch Münchner, erbeingesessene, erste Münchner Herren aus tadellosen Familien.

Herr Schefbeck zählte sie der Reihe nach auf, während der Wagen im langsamen Tempo dahinrollte. Über den Marienplatz weg, die Kaufinger-, die Neuhauserstraße, dann über den Karlsplatz, die Sonnenstraße geradewegs zum alten, südlichen Friedhof, zur Säulenhalle des sogenannten Camposanto. Dort lag neben vielen anderen in Ehren und Würden der Senatspräsident und Reichsrat Dr. Ritter von Firneusel. Unter einem großen Marmorbaldachin lag er, den der König eigens gestiftet hatte. Denn der Verstorbene war sein Erzieher gewesen; er galt als einer der ersten Männer des Landes, als großer Jurist, als großer Verwaltungsbeamter. Und sein Sohn, der Hofrat Dr. Firneusel, war langjähriger Hausarzt bei Herrn Schefbeck. Staatskonkurs: Note Eins, Schwiegersohn eines Universitätsprofessors, alle drei Wochen zur Königlichen Tafel gezogen, jeden Spätsommer im Allerhöchsten Jagdgefolge. Der ging bei ihm aus und ein, der machte Frau Olly so anmutige Komplimente, so recht zuckersüße, münchnerische, daß Herr Schefbeck seine helle Freude dran hatte. Leider konnte man ihn nie dazu bewegen, seine Frau mitzubringen. Aber das hatte seinen besonderen, wohlberechtigten Grund. Der Herr Hofrat war nämlich selber einmal mit Frau Schefbeck verlobt gewesen als junger, unbedeutender Doktor. Zwei bis drei Jahre, ohne Aussicht auf die materielle Möglichkeit einer Verehelichung, ohne Aussicht auf spätere Praxis.

Ging man nun in Gedanken ein paar Gräber noch weiter, vom alten Firneusel weg, dann ruhte im selben Rechteck der gleichen Säulenhalle der Präsident des Städtischen Spitals, der Obermedizinalrat Dr. Ritter von Klemperer. Der Genius des Todes senkte, in Bronze gegossen, einen ungeheuren Kranz über die Marmorgruft hernieder, die zwei Kandelaber flankierten. Das alles hatte die Gemeindeverwaltung gespendet. Denn der Verstorbene war einer der größten Wohltäter der Menschheit, ein Kinderfreund, wie man ihn selten findet. Und sein Enkel, der Justizrat Klemperer, war der

Anwalt des Herrn Schefbeck, wie der Firneusel der Doktor war. Schlich ebenfalls um Frau Olly herum, wenn er sich auch noch intensiver an den raffinierten Weinkeller des Hauses hielt. Mit einer Frau gab es da keine Etikettenfragen. Der Herr Justizrat hatte die seine vor Jahren verloren, und auf seine beiden Schwestern, diese alten, verhutzelten Jungfern, die den ganzen Tag in der Kirche herumrutschten, die Gebetbücher in der Hand, die Gummizugstiefel an den Füßen, verzichtete Herr Schefbeck von vornherein.

Schmerzlich aber hatte er immer den Gatten der Frau von Börnerau vermißt, den Generalleutnant und Divisionskommandeur, Exzellenz Freiherrn Karl von Börnerau. Sie, die Generalin, verkehrte bei ihm, das heißt, bei Frau Olly, ihrer Institutsfreundin, nicht bei Herrn Schefbeck, wie sie ausdrücklich betonte. Diese sehr resolute Dame mit der Stimme eines Korporals und dem Schnurrbart eines achtzehnjährigen Studenten, sehr stolz, sehr von oben herab und doch ohne Vorurteile, ließ sich nieder, wo es ihr paßte. Wohnte außerdem seit undenklichen Jahren im Hause des Herrn Schefbeck. Also auch Jugendbeziehungen, mit denen man gelegentlich renommieren konnte, wie bei Firneusel, nur mit dem Unterschiede: der brachte seine Frau, sie ihren Mann nicht mit. Und das Komische, die ganze Geschichte kam heraus wie verabredet zwischen guten Freunden; auch mit dem Fernbleiben der Schwestern des Klemperer. Feste Verbindung seit Jahren, dicke, ergiebige Freundschaft nach innen und außen. Freilich, die Familiengruft der Frau von Börnerau lag nicht im Camposanto selbst, inmitten der guten Bekannten, sondern im offenen Viereck unter freiem Himmel. Auf Rufweite zu erreichen, mit dem schönen Obelisken auch leicht zu erspähen, aber halt doch nicht drinnen, wo die anderen paradierten, wo auch Reichsgrafen, Prälaten, Minister ihre Namen blinken ließen und daneben – Herr Schefbeck.

Jawohl, Herr Schefbeck. Auch er hatte sein Grab dort errichtet. Zu einer Zeit, wo er noch gar nicht ans Sterben dachte, wo er aussah, so frisch, so blühend, wie auf dem Ölgemälde, das im Zimmer der Gattin hing, dicht vor dem seidenen Sofa, in voller Lebensgröße im schwarzen Salonrock, in grauer Weste, mit der breiten, goldenen Uhrkette. Die wasserblauen, gutmütigen Augen lächelten freundlich, die Backen hingen herab, und spiegelglatt glänzte der rundliche Schädel mit der Glatze. Das alles trat plastisch und deutlich hervor. Am deutlichsten der Mund, dieser breite, aufnahmefähige Münchner Mund mit der wulstigen Oberlippe und dem abgezupften Schnurrbärtchen. Er wollte ihn öffnen, den Mund, er wollte reden, denn er fühlte deutlich, daß er bald in dem Leichenwagen, bald in dem Bilde war, daß seine Phantasie herumeilte, vom Friedhof zu seiner Wohnung, daß ihm alles allgegenwärtig schien, was da, was dort passierte, und doch riß es ihn dann immer wieder zu seiner Grabstätte.

Die war weit und breit berühmt ob ihrer Schönheit. Eine ungeheure schwarze Marmorplatte, eingelassen in eines der Felder, gab die Rückwand ab. Darauf ein Engel mit weitentfalteten Flügeln. Oben verkündeten große, goldene Lettern, daß das die Ruhestätte der Familie Schefbeck; unter ihm, wo die wuchtige Granitplatte sich schwer in den Boden senkte, prangte, umgeben von zwei mächtigen Schalen, in noch größeren Buchstaben, dicht über dem schmiedeeisernen Weihwasserkessel das eine vielsagende Wort: »Excelsior«.

Was das hieß, wußte der stolze Bauherr heute noch nicht. Er hatte die gutklingende Inschrift ein paar Felder weiter entdeckt auf dem Grab eines Bürgermeisters von München, der vor hundert oder noch mehr sagenhaften Jahren sein Leben für die Entwicklung der Stadt verbraucht haben sollte. Und weil sie ihm gefiel, übernahm er sie ohne allzugroße Gewissensbisse. Auch der Engel war eine getreue Nachbildung, richtiger noch eine Vergrößerung. Er stammte von der Gruft eines jener hochverdienten Männer, die Bayern achtzehnhundertsechsundsechzig zum Kriege geraten hatten. So blieb eigentlich nur noch der Weihwasserkessel mit den Schalen. Doch auch die waren fremden Ideen entlehnt. Die Schalen dem ersten Direktor der Staatsbank, während der Weihwasserkessel vom Grabe eines großen katholischen Gelehrten stammte.

Und in diese Blüte des Landes zog Herr Schefbeck jetzt durch das hohe Portal als neuer Bewohner. Der weite Weg vom Kaffeehaus war im ödesten Schritte durchmessen, nun winkte von drüben die ewige Ruhestatt. Zunächst freilich ging's noch nicht direkt in die Gruft, sondern in andere Räume. Zur Erledigung der unerläßlichen Formalitäten, zur Anlegung der letzten Toilette. Doch übermorgen da schwebte er hinüber. Im feierlichen Kondukte erster Klasse, wie er es bestimmt hatte. Voran die Posaunenbläser, dann der Kirchenchor, die gesamte Pfarrei im goldverbrämten Ornat, alles zusammen zwölfhundert Mark Kosten. Ein Musikchor nicht mitgerechnet, das, vierzig Mann stark, den Trauermarsch von Chopin spielen mußte. Auch die Leichenrede nicht inbegriffen. Die sollte sehr eingehend sein, alles aufzählen, alle Lebensdaten, alle Verdienste. Dann vielleicht noch ein Freund, der ein paar Worte sprach, nicht zu lang, nicht zu kurz, ein letzter Scheidegruß, und dann, ja dann war's aus. Wirklich aus?

Nein, dann sollte es erst richtig anfangen! Dann wollte er sich freuen, daß er's erreicht hatte. Einen gottverdammten Stolz wollte er da empfinden. Denn er war da, er wollte dableiben bis zum Tag des Gerichtes. Sein war die Gruft, niemand konnte ihn herausschmeißen. Auch die Frau von Börnerau nicht. Obwohl sie's gedroht hatte. Allen Ernstes. Dem Hofrat Firneusel hatte sie's prophezeit, und er hatte es wiedererzählt. Nicht nur in seiner Clique, nein, Frau Olly mit dürren Worten: Daß der Tag kommen werde, wo sie dem ungebetenen Eindringling die Flügel auf die Schultern klebe, wo sie ihn fortwiese wie der Engel Adam und Eva, kurz und gut, wo sie ihn regelrecht hinausschmisse. Denn die Frau von Börnerau wollte selbst herein in die Säulenhalle: für ihr Töchterchen, das, wie sie immer behauptete, seit zehn Jahren draußen unter Kreti und Pleti zu ruhen verdammt war, verlangte sie die vielumworbene Gruft. Sie tat dies mit dem ihrem Temperament entsprechenden Eifer, ja, mit offener Rücksichtslosigkeit, da sie selber am besten wußte, daß die Gräber im Camposanto sonst völlig besetzt waren. Nur der Zufall, daß eine Familie auf immer die Stadt verließ und ihre Toten mit sich nahm, hatte diesmal was frei gemacht. So rannte denn die scharfe Konkurrentin des Herrn Schefbeck ohne Zögern zum älteren Fräulein von Klemperer, das Fräulein von Klemperer rannte zu ihrem Bruder, dem Justizrat von Klemperer, der Justizrat von Klemperer zum Hofrat Firneusel und der Hofrat Firneusel zum Bürgermeister. Der Bürgermeister aber, der die Gräber da draußen zu vergeben hatte, fragte den einschlägigen Rechtsrat. Und der meinte, das viele Spezltum da draußen habe böses Blut gemacht in der Bürgerschaft, deshalb müsse man schon einmal in so vornehme Überspannung mit dem Kaiblwagen dazwischen fahren.

War diese Bezeichnung auch nicht sehr schmeichelhaft für Herrn Schefbeck, er war doch der Sieger geblieben. Und über alle Kaiblwagen, über Adlige und Halbadlige hinweg wollte er eben einen letzten Sprung machen, als ihm etwas in den Sinn kam, woran er im ersten Trubel der Abreise gar nicht gedacht hatte: das Geschäft. Eine ausgedehnte Wurstfabrikation mit einer Unmasse Filialen in der Stadt. Das heißt, um es richtig zu sagen: Herr Schefbeck hatte diese Goldgrube vor zwanzig Jahren von seinem Vater geerbt. Vor zehn oder noch etwas früher ließ er sie durch ein Konsortium wohlhabender Münchner in eine GmbH verwandeln. Er selbst tat nicht mehr mit, sondern zog sich mit allem Behagen sowie mit dem Titel Kommerzienrat ins Privatleben zurück. Und mit einem großen Brocken Geld noch dazu. Mit sieben Millionen, sagten die Münchner, mit drei Millionen, sagte Herr Schefbeck. Und er lächelte, wenn er das sagte. Als ob er's selber für mehr hielte. Jetzt aber, auf dieser letzten Fahrt, gab's keine Täuschung mehr. Da wuchsen die Zahlen unverschiebbar aus dem Dunkel der Todesnacht. Vierhundertvierzigtausend Mark dreieinhalbprozentige Eisenbahnanleihe mit Coupons per Januar und Juli. Brauerei- und Stahl-Industrie etwa zweihunderttausend Stammkapital, zweihundertzwanzigtausend zum damaligen Kurse. Dazu noch das schöne Zinshaus in der Briennerstraße, sowie die Anteilscheine am Geschäft, etwa siebzigtausend Mark. Von drei Millionen also gar keine Rede, von sieben nicht die leiseste Spur. Weder zur Zeit der Geschäftsübernahme, noch heute. Heute? Mit Entsetzen fuhr es Herrn Schefbeck durch die absterbenden Knochen. Ein paar Tage noch, dann würde seine Gattin die Depots auf der Bank öffnen. Dann würde sie die großen Mappen hin und her wenden, dann würde sie blättern, wie in der Bibel. Der liebenswürdige Beamte am Schalter aber würde lächeln, immer wieder lächeln, oder verbindlich die Achsel zucken. Neun bis zehntausend Mark – nicht mehr. Die Papiere, die Anteilscheine alle verklopft, auf dem Zinshaus drei Hypotheken, so gewaltig, daß sie den Dachstuhl fast eindrückten, vor dem bronzenen Portale der nahe, unvermeidliche Bankerott. Eine nette Bilanz, eine famose Überraschung.

Eine Überraschung? Nein. Wenn Frau Schefbeck nur ein bißchen ehrlich gegen sich selbst war, dann wußte sie's jetzt schon, genauso wie er selber. Nie, niemals hatte sie mit ihm darüber gesprochen, ob's auch reichen würde, das Geld, aber sie duldete, ja, sie wollte es, daß er in einem Automobil neuesten Systems in der Stadt herumkutschierte, daß er zehnmal so verschwenderisch lebte, wie einst vor seiner Ehe mit ihr, und daß er – richtig, die Hauptsache hätte er bald vergessen: Das Patent, die große Erfindung! Da lag das meiste begraben. Zirka zweihunderttausend Mark. Es war ja sicher, todsicher. Ausgedehnte Waldungen unten in Ungarn oder Galizien sollten zu Gummi gepreßt werden. Eine riesige Sache mit den größten Perspektiven. Nur Geduld müßte man haben, viel Geduld, wie der Herr Grellinger fortwährend meinte, Herr Grellinger, der Erfinder, der frühere Offizier, der jetzige Ingenieur und – Unwillkürlich wollte Herr Schefbeck in diesem Augenblick eine Bewegung machen. Herr Grellinger war ein bedeutender Techniker, ohne Frage. Er war ein Genie, wenn man so wollte. Nebenbei war er aber auch einmal der Liebhaber von Frau Olly gewesen. Das wußte die ganze Stadt, das pfiffen die Spatzen von den Dächern, das hatte Frau Schefbeck ihrem Gatten selber gestanden. Noch vor ihrer Verheiratung in aller Offenheit. Oh, er sah sie heute noch vor sich mit dem fein geschnittenen Gesichte, mit den leichtgeblähten Nüstern und den schmalen, vornehmen Lippen. Aber erst die Augen, diese ausdrucksvollen, braunen Augen! Wie die hervorsprangen unter dem leichtgefärbten Hellblond der Haare. Wie die lachten, als sie's ganz harmlos sagte, wie die natürlichste Sache von der Welt. Selbstverständlich, sie hatte mit Grellinger ein Jahr zusammengelebt, ja, sie hatte ein Kind von ihm gehabt, ein liebes, süßes, herrliches Kind. Vor drei Jahren war es dahingegangen, aber vergessen konnte sie's nicht, wenn sie noch so alt werden sollte. Und lieb behalten würde sie's, unehelich, wie es war. Sie pfiff überhaupt auf die ganze Konvention, sie tat, was sie wollte. Ein Belagerungsspiel, ein Schachbrett, so sah sie die ganze Gesellschaft, so hatte sie's mal in einem Romane gelesen, so stellte sie Bleisoldaten, Bauern, Türme, Könige auf Beine und Schlachtfelder, wie's eben paßte. Und tanzten die etwa nicht nach ihrer Pfeife, wollten sie anders, als sie selbst disponierte, dann warf sie den ganzen Krempel über den Haufen. Der Knecht, der seiner Herrin nicht diente, flog an die Wand wie die ausgepreßte Zitrone. Möglich, daß das sehr hart klang, besser aber, man wußte, wie man mit ihr dran war. Als Schulmädel sah sie freilich noch andere Himmel, vielleicht auch noch als Braut, als der Hofrat aber sich drückte, war's aus damit. Denn Herr Schefbeck sollte es nur wissen: der Firneusel hatte sich wirklich gedrückt, er hatte sie sitzenlassen, in perfider, niederträchtiger Weise. Jahrelang verkehrte er im Hause ihrer Eltern, und eines Tages schrieb er, es sei ihm zu brenzlig.

Olly trocknete sich die Tränen und redete lange nichts mehr; sie sah ihre Jugend vor sich im grellen Lichte der Wirklichkeit, ohne Schminke, ohne Retusche. Ihr Vater, ein großer Gelehrter, ein Stubenhocker, ein Weltfremder, der Probleme ausarbeitete, verrückter noch als das Perpetuum mobile. Die Mutter, eine Weltdame, eine eitle Frau und ihre Salons ein großer, offener Taubenschlag. Darin ging es zu wie im ewigen Leben. Jeden Abend fast eine Gesellschaft, jeden Nachmittag ein Tee. Was man damit erreichen wollte? Einen vornehmen Freier, einen Grafen, womöglich gar einen Prinzen. Jedenfalls etwas Besonderes. Oh, der gräßliche Zustand, als dann die Enttäuschungen kamen, die entsetzlichen Jahre, die Vorwürfe – na, wie's auch war mit dem Grellinger, was sie in seine Arme getrieben hatte: jetzt war's aus damit, für immer aus. Übrigens könnte Herr Schefbeck darüber um so weniger böse sein, als er ja selbst, wie ganz München behaupte, sein redlich Teil auf dem Gewissen habe, sie beide also vollkommen quitt seien.

Worauf sie anspielte, war die Tatsache, daß die erste Gattin des Herrn Kommerzienrats vor fünfzehn Jahren auf einmal ins Wasser ging. Nach einer furchtbaren Szene, vom Mittagessen weg, ohne Adieu zu sagen. Warum? Mein Gott, sie war ein simples Bürgermädel, Tochter des ersten Maschinisten im Geschäft des Herrn Schefbeck, aus Gnade geheiratet. Wie man halt heiratet in der Jugend. Dumm und blöd. Und so war das arme Annerl selber. Beschränkt bis dahinaus, nur fähig, den Strickstrumpf zu halten. Und eifersüchtig! Wollte es absolut nicht verstehen, daß Herr Schefbeck gelegentlich auch Hübscheres suchte. Als es nun gar mit einer rundlichen Ladnerin mal was Junges absetzte, war's aus. Das konnte das unbedeutende Geschöpf, das selbst keine Kinder zur Welt brachte, nicht verwinden. Exaltation, Hysterie, Isarwasser. Böse, böse Geschichte! Man nahm sie Herrn Schefbeck sehr übel. Der Tod wäre ihm vielleicht noch verziehen worden. Aber er ließ die arme Frau in aller Stille niederträchtig bestatten. Draußen auf dem östlichen Friedhof in den gelben, nüchternen Sandreihen der Armenabteilung Serie sieben, Grab Nummer zweihundertundzwanzig. Und das verzieh man ihm nicht.

»Sie sind in München für immer unmöglich«, sagte damals der Hofrat Firneusel zu ihm. Und er zog sich am selben Tage zurück. Fiel ihm auch gar nicht ein, ins Haus zu gehen, als Herr Schefbeck telefonierte, er habe die Lungenentzündung. Aus, für immer aus. So stand's in einer Karte zu lesen. Und der Justizrat Klemperer sandte die Prozeßakten nicht minder patzig zurück. Ja, er grüßte Herrn Schefbeck kaum mehr auf der Straße. Am tollsten aber trieb es Frau von Börnerau. Ohne ihren Gatten lange zu fragen, sagte sie einfach die Wohnung im Hause des Herrn Schefbeck auf, ja, nicht einmal bis zum nächsten Ziele wollte sie bleiben, sofort wollte sie wandern, mit außerordentlicher Kündigung.

»Sehen Sie, ich weiß auch was«, meinte seine Angebetete. Aber nein, sie kannte ihn noch nicht. Denn jetzt wollte er ihr gestehen, daß er sie schon immer beobachtet hatte, lange, lange, bevor er das dumme Annerl an den Traualtar führte. Auf der Straße und vor allem im Theater. Herrgott, wenn er sich erinnerte, was er damals für Rosinen im Kopfe hatte. So oft es ihn traf, saß er im dritten Rang, Vorderplatz, zweite Abonnementsabteilung und hörte den Tristan, den Holländer und den Lohengrin. Eiskalt lief es ihm dabei über den Rücken. Kam er heim, dann fuchtelte er mit den Armen in der Luft herum wie ein Kapellmeister. Manchmal bis zum frühen Morgen, wo ihn die Dampfpfeife oder ein Schimpfwort des Alten in die Kuttelei rief. Er spielte kein Instrument, er zischte nur Melodien der Reihe nach herunter, er gab Zeichen nach rechts und links wie zum Einsatz, er hielt die Primadonna im Takte, er sah mit seiner lebhaften Phantasie in den Zuschauerraum. Ob man ihn beobachtete, ob man ihm zunickte.

Denn dort saßen die vornehmen Damen, in der ersten Reihe die süße, kleine Olly, dies Prachtmädel von fünfzehn Jahren, dies Gewebe aus Tüll und Duft mit den seidenen Strümpfen und den

Lackschuhen einer Kinderpuppe. Die winkte ihm zwar nicht zu; fiel ihr ja gar nicht ein, die kokettierte mit Leutnants und Staatsanwälten. Hätte sich wohl auch schiefgelacht, wäre ihr der fast zwanzig Jahre ältere Wurstkramer mit solchen Händen, solchen Bakken zu Gesicht gekommen. Überhaupt saß sie gar nicht da vorne, sondern tief unter ihm, auf der sogenannten Galerie noble, dem Platze der ganz Gewappelten, der höchst Raffinierten, der Firneusels, der Klemperers und der Börneraus. Auf jenem Platze, den ein gewöhnlicher Sterblicher niemals erreichen konnte. Allerdings, man brauchte ihn ja nur an der Kasse zu kaufen. Er war feil wie ein Grab im Camposanto. Acht Mark so ein Fauteuil, zehntausend so eine Gruft. Fragte sich nur, ob man hineinpaßte. In die Galerie noble ging es schlecht; man saß da auf dem Präsentierteller. Schlürfte man eine Tasse Eis und goß die rote Sauce über das gestärkte Brusthemd, dann fiel das auf, ebenso wenn man frisch verzehrtes Konfekt in voller Vergeßlichkeit mit den Fingern aus den Zähnen herausholte.

Da konnte man auf dem Camposanto draußen schon besser aufdrehen in Bronze und Marmor, ohne daß man gesehen wurde. Oh, er ging lange und häufig spazieren an stillen Nachmittagen in den ganz verlassenen Säulenhallen. Seine Schritte widerhallten von den großen Platten an den Wänden, seine Augen eilten hinauf zu den steinernen Statuen, die starr und unbeweglich standen, wie eine recht fade, vornehme Gesellschaft. Aber er mußte hinein, kostete es, was es wollte, denn er wünschte heimzuzahlen, ins Gesicht springen wollte er all den Puppen und Larven und zwar am liebsten mit jenem Körperteil, den man mit Umschreibung gern als den rundesten bezeichnet. Darum suchte er, der Herr Schefbeck, er suchte, und suchte. Auf die Südseite mochte er nicht; da lagen die Großindustriellen, die Seifensieder, die Bierbrauer, er wollte zum Westen hinüber, mitten hinein in die miserable Bagage, die ihn boykottiert hatte. Grad extra. Und weil's nicht gleich war.

»Mein Gott«, sagte Olly, »ich finde das affrös. Wie kann man sich nur bei Lebzeiten sein eigenes Grab kaufen? Und noch dazu neben dieser Gesellschaft! Die darf man doch nicht so tragisch nehmen, die muß man ganz anders fassen, die muß man auslachen. Schauen Sie mich an, lieber Herr Schefbeck; von mir wollte vor ein paar Jahren kein Hund mehr ein Stück Brot annehmen. Und heute? Hab' ich nicht alles schön dirigiert? Hab' ich die Herren nicht alle am Bandl, und wenn's not tut die Weiber dazu? Geduld und Ruhe, das braucht man in unserer lieben Stadt. Erst schreit man wie besessen, man führt sich auf, wie auf dem Theater, man möchte meinen, der Himmel fallt ein, – plötzlich ist alles wieder beim alten, die Herrschaften verkehren in gewohnter Gemütlichkeit. Warten Sie nur, den Firneusel, den Klemperer und auch die Börnerau, wenn Ihnen gar so viel daran liegt, die bring' ich Ihnen zurück, alle miteinander: auf dem Teebrett will ich sie Ihnen servieren. Darum war es wirklich überflüssig und nebenbei auch eine recht unnötige Ausgabe, daß Sie da draußen auf dem Friedhof soviel Trara gemacht haben.«

Und um schnell von dem Thema hinwegzukommen, stellte sie einige recht geschäftsmäßige Fragen. Nach Vermögen und Einkünften, nach der Höhe seiner Bezüge. Denn jetzt wollte sie klarsehen. Sie war kein Kind mehr, sie war dreiunddreißig Jahre alt; nun sollte das Leben sie entschädigen für alles, was sie durchgemacht hatte. Auch ein Testament verlangte sie. Herr Schefbeck konnte ja morgen sterben – ein häßlicher Gedanke, gewiß, und sie war die erste, die ihm ein langes Leben wünschte, schon deshalb, weil er sie aus dem Elend zog. Immerhin, er war so und soviel älter; es war also möglich, und sie durfte nicht wieder auf die Mutter angewiesen sein, wie nach dem Fall mit dem Grellinger. Sicher mußte sie dastehen, und weil ihr Herr Schefbeck dazu die Hand bot, erlaubte sie ihm jetzt einen ersten, schüchternen Kuß auf die Stirne.

Der vor Seligkeit völlig Trunkene nickte in diesem Augenblicke zu allem. Er hatte für das Reale jedes Verständnis verloren, er hörte nur noch das Knistern der seidenen Juponage, er atmete nur noch das feine Heliotrop, das ihrer Robe entströmte. So faselte er das Blaue vom Himmel herunter, von Zahlen und Bildern. Aber bei aller Begeisterung war er ein scharfer Rechner; er wollte ihr ziffermäßige Sicherheit geben, beim Notar, mit Unterschrift, Siegel und Protokoll.

»Kennen Sie den berühmten Nationalökonomen, meinen Freund – ach, er besucht mich fast alle Wochen, den Professor

Schwartzkogel?« fragte er mit der Miene eines Menschen, dem plötzlich ein erlösender Gedanke kommt. Dieser bedeutende Mann legte Herrn Schefbeck seit Jahren mit beispielloser Ausdauer nahe, die Mittel für eine segensreiche Einrichtung aufzubringen, die er einmal auf einer seiner umfassenden Studienreisen in Norddeutschland kennengelernt hatte: für großartige Arbeiterwohnungen. Hübsche, behagliche Häuschen sollten sich auf einem weiten Felde erstrecken, aber nicht militärisch ausgerichtet, eins neben dem andern, nicht kasernenmäßig aus roten Ziegeln erbaut, sondern jedes eine Sache, ein kleines Wunder für sich, jedes im Biedermeierstil mit hohem Dache, mit Springbrunnen und Garten. Und die Innenräume sollten mit Bildern geziert werden, mit Reproduktionen bester, moderner Meister, mit Blumen auf Fenster- und Erkergesimsen, mit einem nach Entwürfen angesehener Künstler gearbeiteten Klavier oder Harmonium, auf daß die Psyche des Mannes mit der schwieligen Faust nach getaner Arbeit, sowie des Sonntags Erholung und innere Sammlung finden könne für neue Mühen und Kämpfe.

Ein Projekt von unerhörter Bedeutung nach der sozialen wie nach der künstlerischen Seite, in jedem Falle würdig der mächtig aufstrebenden Stadt. Wollte der Witwer trotz eifrigstem Zureden des Herrn Professors erst nicht recht heran – der werdende Ehemann nahm es jetzt um so heftiger auf. Beste Grundstücke im Werte von Millionen, die ihm gerade noch zur günstigen Zeit einer seiner Freunde beim Tarockspiel verkauft hatte, wollte er umgehend der Stadt vermachen, und die sollte nach Errichtung der ganzen Anlage als Entschädigung dafür eine dreieinhalbprozentige Rente aus dem höchst respektablen Restbetrag seiner Gattin auf Lebensdauer alljährlich auszahlen.

Die ewige Verkettung des eigenen Namens mit einer so außerordentlichen Sache, die Rückeroberung des einst verlorenen Ansehens, sowie die dauernde Versorgung der schönsten Witwe zugleich – ob das seiner künftigen Gattin fürs erste genüge? Ob sie glaube, damit durchzukommen, wo doch außerdem noch ein Barvermögen da war? Auch noch das Patent, von dem sie ja selber sprach? Ei freilich, sie mußte es ja glauben: Geld wie Heu und der Himmel voller Baßgeigen! Aber wäre es auch nicht so gewesen,

Herr Schefbeck hätte doch genickt und immer wieder genickt zu allem, was sie sagte. Denn jetzt, jetzt kam der größte Moment, den er niemals zu hoffen gewagt hatte: sie gab ihm die zarte Liebkosung mit freundlichem Lächeln zurück. Ach, welch eine unerhörte, unvergeßliche Stunde!

»Ollerl«, hatte er damals geflüstert, rot wie ein Puter, vom Halskragen bis zum Ende der riesigen Glatze.

»Ollerl«, meinte er auch heute wieder zu flüstern draußen auf dem Paradebette, wo er aufgebahrt lag, in derselben Toilette wie in der Stunde der Werbung, im Frack, steifen Hemd und weißer Binde. Denn er fühlte auf einmal, seine Frau kam, sie kam zu ihm. Nach allen Richtungen hatte das Telefon gespielt, der Hofrat war herbeigeholt worden, die Frau von Börnerau hatte man die Treppe heruntergehetzt, und der Justizrat Klemperer wollte auch nicht zurückbleiben. Ein Schreien, ein Hin- und Herrennen, ein Stürzen und Toben. Dann endlich ins Automobil, Frau von Börnerau und Olly. Ein Rasen durch die Stadt und jetzt, jetzt waren sie da, alle beide in der Leichenhalle. Frau von Börnerau in mattem Hellgrau, Frau Olly in schnell zusammengesuchter Trauer. Die erste diskret im Hintergrunde, zwischen den Blattpflanzen und Kerzen, die zweite beim Sarg, das feine Batisttuch krampfhaft um die Finger geschlungen. Immer näher und näher kam Frau Schefbeck, jetzt stand sie dicht bei dem Gatten, und da, nein es war keine Täuschung, da hielt sie das Tuch an die Augen und weinte, weinte wirkliche, bittere Tränen.

Herr Michael Karl Borromäus Schefbeck war vom Augenblick seines Hingangs an ununterbrochen von widersprechenden Gefühlen gepeitscht worden; jetzt aber steigerten sich alle diese Empfindungen zu ungeheurer Höhe. Ein namenloser Kummer über den Abschied – war es doch das letzte Mal, daß sie sich sahen – eine namenlose Freude über Ollys Tränen – hatte er ihr doch solch tiefen Schmerz nimmermehr zugetraut – eine heillose Angst – fragte er sich doch im selben Augenblicke, ob dieser Jammer, diese Hilflosigkeit auch ihm galt. Wie? Wenn sie's wirklich schon wußte? Wenn sie heulte, weil's nur noch so viel und nicht mehr war? Eine entsetzliche Spannung, wie im letzten Augenblicke vor der Verkündigung eines Urteils. Und da, da kam es. Die Stimme ließ alles erraten. Frau Schefbeck war sich noch nicht im klaren; sie liebte ihn immer noch. »Karl«, sagte sie zärtlich.

Den Michel hatte sie nie leiden mögen, schon vom ersten Tag der Verlobung an nicht.

»Karl«, wiederholte sie und rang die schönen Hände. Dann richtete sie sich hoch auf. Mit einem gewissen Trotz, einer inneren Klarheit, einem sicheren Lebenswillen. Ja, sie war keine Heuchlerin, sie hatte sich diese Stunde ausgemalt an so manchen stillen Abenden, wenn Herr Schefbeck in seiner Kneipe saß oder Kegel spielte. Ohne sie etwa herbeizusehnen – bei Gott nicht, so was fand sie brutal, unanständig, das wollte sie überhaupt gar nicht erwägen. Und doch, im dämmrigen, halben Bewußtsein müden, jahrelangen Hinbrütens hatte sie's immer wieder leise angeschlagen, dasselbe Thema: daß sie mit Schefbeck wohl nimmer ihr Leben beschließen werde, daß sie noch etwas darüber hoffe von riesigem Glanze, von riesigen Taten, von riesigen Zeiten.

Und damit hatte sie's ausgesprochen. Riesig. Das war das entscheidende Wort, das Olly beständig im Munde führte. Riesig war immer alles gewesen, was in ihren Bannkreis trat. Riesig die eigene Schönheit, riesig das letzte Amusement, riesig die Zahl ihrer Verehrer. Ein Rest von der überschwenglichen Sprache, die im Hause ihrer Mutter regierte. Dort himmelte man nur in den höchsten Tönen, man himmelte, man sah durch ein Vergrößerungsglas. Jeden Rechtspraktikanten als Amtsrichter, jeden Fähnrich als Leutnant, jeden Freiherrn als Grafen, jeden Grafen als Fürsten; Orden, Titel und sonstige Ehrenzeichen in der vierten Dimension. Und das Geld in der fünften. Vor allem das Geld des Herrn Schefbeck. Das war der Stolz, das war der Balsam, die Entschädigung für die Mesalliance mit dem Wurstfabrikanten, das war die riesige Hoffnung und nun die riesige Erfüllung! Olly war frei, sie war reich, sie war jung, na, ja, wenigstens so ziemlich; jedenfalls konnte sie leben, sie konnte genießen. Und das versöhnte sie mit allem, was sie in der Ehe darunter gelitten hatte, daß ihr Gatte am liebsten in Hemdärmeln zu essen pflegte, daß er dabei die Ellenbogen auf den Tisch legte, daß er's nicht anders tat, als in einem Zimmer mit ihr zu schlafen. Eine friedliche Stimmung kam über sie, ein großes Verstehen, ein unsagbares Mitleid, das ihr warme Tränen entlockte.

»Er war ein edler Charakter«, sagte sie zu ihrer Begleiterin, »für seine Mitmenschen hat er gesorgt und für mich am besten.«

Dann ging sie von dannen. Dem einsam zurückbleibenden Herrn Schefbeck aber wurde es noch schwüler in seinem Verschlage zumute als zuerst. Hätte Olly geschrien, hätte sie getobt, gekratzt oder gebissen, wie manchmal, wenn sie in der Ehe ihre besonderen Launen aufmarschieren ließ und Herrn Schefbeck einen Proleten nannte, dann wäre ein für allemal Klarheit gewesen, während diese ausgeglichene Gemütsruhe die finsteren Gedanken ihres Gatten weiter hinausführte zu den einsamen Feldern, die der Stadt verschrieben waren, damit aus ihrem Erlöse die Arbeiterhäuschen erstünden – zum Ruhme des edelmütigen Stifters, zum Ruhme des weitblickenden Nationalökonomen. Öde und verlassen ruhten sie, diese Spekulationsobjekte; nichts lag auf ihnen außer grauen Massen von Schutthaufen. Darauf zerbrochene Waschschüsseln, durchlöcherte Kochtöpfe, zerrissene Stiefel, deren Leder schon ins Bläuliche spielte, sowie, dem Auge freilich nicht sichtbar, dem Bewußtsein des Kontrahenten aber um so greifbarer, riesige Hypothekenforderungen mit großen, alljährlichen Zinsen. Denn die Entwicklung der Stadt war trotz der schönen Versprechungen, die der Tarockbruder Herrn Schefbeck gemacht hatte, gerade nach der entgegengesetzten Richtung erfolgt, als man damals erwarten konnte. Ob die Gemeinde solch zweifelhafte Erbschaft annehmen, ob sie im Ernste so dumm sein würde?

Die Antwort auf diese bange Frage sollte achtundvierzig Stunden später von keinem Geringeren als vom Bürgermeister selber erteilt werden; am offenen Grabe, an der Spitze des Leichenkonduktes. Dort stand der joviale, immer liebenswürdige Herr, umgeben vom städtischen Ehrengeleite, von Flambeauträgern und der Geistlichkeit, dicht über dem jetzt fest verschlossenen Sarge, und redete bewegliche Worte. Von hohem Bürgersinn, von leuchtendem Vorbild, von Liebe zur Heimat. Ihm aber riß ein anderer das Wort aus dem Munde, der im schwarzen Zylinder ungeduldig daneben gewartet hatte, der Professor Schwartzkogel. Der nannte den Verstorbenen im besten Sinne des Wortes sozial. Dann hielt er einen Vortrag über Volkswirtschaft, er sprach zu seinen Studenten, die er mit an das Grab befohlen hatte wie im Seminar, wenn er, wie jedesmal zu Beginn des Semesters, seine Arbeiterhäuser empfahl, und schloß damit, daß er in gutgewähltem Bilde diesen Traum seiner Jugend aus der Asche dieses Grabes ersteigen ließ. Im selben Augenblick setzte der städtische Gesangschor mit ergreifenden Tönen ein. »Über den Sternen ist Ruh«, so hallte es in die Gruft hinab als Schluß der imposanten Trauerkundgebung.

Herr Schefbeck hatte in seinem abwechslungsreichen Leben vieles für möglich gehalten – dieses Leichenbegängnis überstieg seine kühnsten Erwartungen. Hätte er noch tiefer in die Erde sinken können, als er schon lag, er würde es getan haben, teils aus Freude, weil ihm soviel Ehren erwiesen wurden, teils aus Scham, weil sie in der Tat so gänzlich unverdient waren. Was besaß er denn noch außer den lumpigen Barmitteln? Als ehemaliger Kaufmann und Fabrikant, als treubesorgter Gatte nahm er in Gedanken auch das letzte Inventar auf, von der Haustüre an bis zur hintersten Mädchenkammer: Ein Eßzimmer mit einer altdeutschen Einrichtung, die schon vor dreißig Jahren gefertigt war, ein paar Boullemöbel im Boudoir seiner Frau, eine Standuhr in Rokoko in seinem Studio, wie er sein Arbeitszimmer zu nennen pflegte, ein Nymphenburger Porzellanservice, ein Ölbild von Bodenhausen, das ein Märchen, eines von Kiesel, das eine Odaliske, eines von Grützner, das betrunkene Mönche darstellte. Mit den Vorhängen, der Wäsche und mit allem, was sonst noch herumlagerte, machte es höchstens zweitausend Mark. Dazu noch der Weinkeller, der allerdings erst zur Hälfte bezahlt, der neue Züst, von dem kaum ein Drittel gedeckt war, – und dafür sang, blies und redete die Leichengesellschaft da oben mit vollen Backen! Nun denn, wenns ihr genug war, wenn sie dafür Olly die festgesetzte Rente auszahlte, – ihm konnte es recht sein. Ein Grundstück besaß er ja doch, auf dem keine Hypothek lag, das war solider als die andern, schuttbedeckten da draußen, das war eine unveräußerliche Immobile, deren Wert gar nicht hoch genug eingeschätzt werden konnte: das Grab. Und da glaubte er sich immer breiter zu machen, mit dem sicheren Gefühl, daß er nie vertrieben werden konnte, auch wenns die Börnerau gedroht hatte, auch wenn sie wieder zum Bürgermeister lief, auch wenn sie …

Plötzlich hielt er ein in seinen Gedanken, die er ausgesponnen hatte, er wußte selber nicht mehr wie lange. Das war das Tolle und doch zugleich wieder das Begreifliche in seiner jetzigen schier unglaublichen Situation, daß er jedes Gefühl für Raum und Zeit allmählich verlor. Droben die Trauergesellschaft hatte sich verzogen; der erhebende Gesang war in alle Winde verweht, man hörte nur, wie dann und wann ein Besucher des Camposanto über die mächtigen Platten der Gruft hinwegstolperte, daß es tief unten widerhallte wie das Echo eines Schusses in den Bergen. Herr Schefbeck sann schärfer nach. Tage, ja Wochen mußten vergangen sein, und doch hatte er noch immer nicht den einen Satz ausgesprochen, in den sich die Frau von Börnerau auf einmal geschlichen hatte wie ein Seidenwurm, unhörbar, unheimlich, daß ihm die wenigen Haare, die er noch hatte, zu Berge zu stehen schienen. Wie war das gekommen? Richtig, jetzt wußte er's! Aus weiter Ferne war ein Ton heruntergedrungen, ein heller, seltsamer Ton. Doch der kam keineswegs von seiner Feindin, nein, der war von Olly. Nicht der tobende war's, den er sich erst gewünscht hatte, als sie ihm auf immer Lebewohl sagte, nein, es war so ein ganz besonderer, merkwürdiger Klang. Herr Schefbeck kannte ihn nur zu gut. Und liebte ihn gar nicht. Mit ihm könne man Tote erwecken, so hatte er einmal gesagt, und war zum Zimmer hinausgelaufen, als sie's wieder mal hören ließ, dies gellende, minutenwährende Aaaah, das sie immer ausstieß, wenn sie nicht gleich bekam, was sie verlangte. Und diese schrille Dissonanz bohrte sich immer tiefer, immer unbarmherziger in die einsame Gruft, um so grausamer, als Herr Schefbeck sich diesmal nicht die Ohren zuhalten konnte, sondern geduldig zuhören mußte, harrend der Dinge, die da noch kommen sollten.

Sie aber, die so klagte, stand wie festgewurzelt, minutenlang, so wie man manchmal auf der Straße steht, ratlos und hilflos, weil man nicht vorwärts und rückwärts kann vor Menschen und Wagen. Ein einziger Schritt – die Menge erdrückt einen, ein einziger Schritt – die Räder gehen einem über den Leib. Wohinaus? Wohin? Vor ihr ein Schreiben aus dem Büro des Bürgermeisters, ein kaltes, sachliches Schreiben, dessen Ton sonderbar abstach von jenem der Leichenrede, hinter ihr mit forschendem Blick die Freundin, die ihr in diesen Tagen nicht von der Seite wich. Und dabei diese schwere Ungewißheit! Sie hob Ollys Körper abwechselnd von Fersen auf Ballen, sie stürmte auf sie ein, wie in der Stunde der Werbung. Was hatte sie dem Toten damals gesagt? Sie zöge die Männer an Drähten, und dienten sie ihr nicht mehr, dann flögen sie hinaus. Und nun war sie unfähig, auch nur die Hand zu erheben. Wie ein Kind, dem man das Kartenhaus zerschlagen hat. Kaum sah sie auf, als die Begleiterin sie endlich langsamen Schrittes durch das Zimmer führte. Sie drehte nur nervös ihr Batisttaschentuch um die schmalen Finger mit den blinkenden Nägeln, sie atmete, als stiege sie den steilsten Berg hinan, plötzlich aber schluchzte sie, ohne Willen, ohne Überlegung, ohne Halt, als ob es ihr die Brust zerrisse, als ob sie's hinausschreien wollte in alle Welt, ihrem Manne und den Toten, die sonst noch auf dem Friedhof lagen, auf den Kopf: ihr Leid, ihre Verzweiflung.

»Olly«, rief Frau von Börnerau, »hör doch auf mich, ich mein' es ja gut mit dir.« Und sie meinte es wirklich gut; sie sprach mit milder, versöhnlicher Stimme. Als Ollys unverbrüchliche Freundin. Jawohl, jetzt erst recht. Denn sie hatte es immer gewußt, sie hatte alles vorausgesehen. Längst schon diskutierte man in eingeweihten Kreisen die finanziellen Verhältnisse des Herrn Schefbeck. Nun, wo er tot war, konnte man offen reden, man konnte unter guten Freundinnen sich's eingestehen, daß er ein Protz war, der Herr Kommerzienrat, weiter nichts, ein Mensch, der sich in Kreise drängte, die ihn nicht wollten. Wie war es denn sonst möglich, daß er überhaupt um Olly anhielt, wie war es möglich, daß er sich dieses Grab kaufte, dieses überladene, häßliche Grab, mitten in der ersten Gesellschaft, wohin er nicht paßte, wohin er nicht gehörte? Am besten, Olly sähe es nie wieder, dieses Grab, sie gäbe es gleich weg, für immer, samt allen schrecklichen Erinnerungen. Dann konnte wenigstens noch was Gutes dabei herausschauen, und die materielle Lage sich bessern. Sie, die treue Jugendfreundin, wollte wenigstens alles, alles tun, was in ihrer Macht stand, und wenn Olly den höchsten Preis verlangte, heute noch sollte er auf dem Tische liegen.

Wie ein Hagelwetter ging es auf Olly hernieder, während sie mit ihrer Begleiterin im Zimmer auf und ab ging. Alle ihre Theorien, die sie Herrn Schefbeck bei der Werbung in langen Reden entwikkelt hatte, stürzten auf einmal in Trümmer; eine neue, gräßliche Welt tat sich vor ihr auf, daß sie Mühe hatte, die Gedanken einzeln zu ordnen. Ja, auch sie hatte das Grab als eine Protzerei empfunden; es war ihr widerwärtig wie alles, was an Tod und Verwesung mahnte, an Sarg und an Leichentuch. Jetzt aber, wo die Börnerau so impertinent redete, wo sie mit ihr verhandelte, wie mit einer Bettlerin, wuchs es ihr in weiten Sprüngen zum vergötterten Idol. Was? Verkaufen? Wie eine Buttersemmel losschlagen? Ha, ha, so weit war man denn doch noch nicht. Da winkten andere Subsidien, da winkte vor allem das Patent, Grellingers Patent! Herrgott im Himmel, zur rechten Zeit fiel es ihr ein: die Hunderttausende, die Millionen! Und da wollte diese miserable Gesellschaft es unternehmen, sie regelrecht zu verdrängen? Ah, wenn sie sich das alles vergegenwärtigte, diese äußere Wohlanständigkeit, dieses Etepetetegetue, und dabei diese Heuchelei, diese Fäulnis – naus, naus zu der Türe solle die Börnerau! Und wenn sie's nicht tat, dann schrie es Olly zum Fenster hinaus. Einen Faustschlag allen in das Gesicht, so hatte es ihr Gatte gehalten, so wollte auch sie handeln. Jetzt gleich am ersten November, am Allerheiligenfeste. Da putzten die feinen Herrschaften ihre Gräber, als ob es Balltöchter wären, da wollte auch Olly 'mal zeigen, daß sie noch nicht verloren war. Aufdrehen wollte sie, wie bei einer Hochzeit, daß den umliegenden Nachbarn in den Grüften Hören und Sehen vergehen sollte, den Überlebenden aber erst recht.

Und was sie der Börnerau an jenem Tage ins Antlitz geschleudert hatte, führte sie aus. Durch den ersten Gärtner der Stadt, durch die teuersten Stoffmagazine. Ein mächtiger Baldachin aus schwarzem Krepp türmte sich über dem Haupte des Engels. Von dort zogen meterbreite Schärpen in stolzen Windungen zum Fuße des Gruftdeckels. Daraus stieg eine Insel gewaltiger Blattpflanzen empor wie ein großer, fürstlicher Wintergarten. Und über ihn fiel von oben ein Guß köstlicher, weißer Rosen, der den Boden deckte in fußhoher Schicht, während aus den mit Goldstoff umsponnenen Schalen bläulicher Weingeist flackerte. Auf und nieder ging er im leichten Herbstwinde bis zu der in Eile gemeißelten Inschrift:

Michael Karl Borromäus Schefbeck.
Kgl. Bayr. Kommerzienrat,
geb. 4. Juni 1854, gestorben 5. Oktober 1907.

So stand es zu lesen, so entsprach es den Tatsachen. Herr Schefbeck ruhte wirklich da unten. Und das Merkwürdige dabei: Wollten sie ihn im Himmel noch nicht, war der Termin zu seiner Vernehmung verschoben – er fühlte alles, was um ihn vorging. Er kannte den Betrieb, den München an diesem Tage entfaltete, er wußte: bei Firneusels standen zwei große Palmen, bei Klemperers brannten zwei Kerzen so dick wie Kanonenrohre und drüben bei Börneraus prangten graublaue Astern. Ein Jahr wie das andere die gleiche Dekoration, der gleiche Aufmarsch der Stadt. Nur dreimal verstärkt in der stolzen Ecke des Camposanto. Das summte, das schwirrte um das Grab herum in immer höheren Tönen, und je stärker es arbeitete, umso stürmischer ging's in der Brust des Herrn Schefbeck. Das war sein großer Tag, den man nur einmal genießen konnte, wie die erste Kommunion oder die Firmung. Freilich klopfte es wieder mit drohenden Schlägen in der Stirne, wenn er dachte, was ihm einen Augenblick in den Sinn gekommen war, jene schreckliche Vorstellung, die ihm entgegentrat wie ein schwerer Zahlungstermin oder die Cholera, aber der Leichtsinn behielt noch einmal die Oberhand.

Ein Gefühl grenzenloser Wurschtigkeit kam über ihn. Après moi auf französisch und auf altbairisch noch hinterher was recht Schönes gedacht! So hatte er's in früheren Jahren öfters empfunden, wenn er als Junggeselle zum Märzenbier mit Freunden auf die Oktoberfestwiese zog. Da spielten die Drehorgeln, da kreischten die Viecher, da krachten die Schüsse und da küßten die Mädel. Jetzt nur tüchtig geschwiemelt und jeden verlacht, der nicht mittun konnte. Ha, ha, da kamen sie alle daher, die verhungerten Schlukker, die zwei wüsten, alten Jungfern, die hochmütigen Klemperers. Wie sie grinsten, wie sie stierten – daß sie kein Kreuz schlugen, war alles. Und jetzt noch Frau von Börnerau dazu. Die rechnen aus mit den andern, was das gekostet hat. So laut, daß Herr Schefbeck die Zahlen hört. Ja, ja, sie bersten vor Wut, alle miteinander, auch der Justizrat, der Hofrat, sie schauen auf Olly, denn die, kein Irrtum, stand auch da oben. Ja, wahrhaftig, sie war's, sie kam wieder zu ihm, die gute, die treue, die prächtige Seele! Erst hatte Herr Schefbeck nur ein Rauschen, ein Knistern von Seide, das Knarzen eines kleinen, feinen, ledernen Damenstiefels gehört, jetzt aber glaubte er so verstohlen hinaufzublinzeln, wie als Lehrjunge, wenn vor ihm die Ladnerinnen im Geschäfte des Vaters die durchbrochenen Stufen der eisernen Wendeltreppe zum Lagerraum hinaufsprangen. Und da sah er sie wirklich stehen. In feschester Trauer, mit einem mächtigen Schleier aus Crêpe de Chine, einer weißen Krause zwischen dem Hut und dem prachtvollen Haar. Stolz und hochaufgerichtet ließ sie die Menschheit vorbeigehen. Gerade so, als wenn Gesellschaft war bei Schefbecks, in der Briennerstraße. Da ein freundlicher Blick, da ein Händedruck, da wieder ein leichtes Nicken des Hauptes. Und wie alle Menschen von ihr begeistert taten, so tat es Herr Schefbeck. Das war seine Frau! Über diesen Körper hatte er verfügt. Nicht gerade schrankenlos wie ein hochbeglückter Liebhaber – immerhin, er hatte genossen, er hatte geküßt, diesen Mund, diese Schultern, diese Arme, diese Schenkel. Oh, was hatte er oft für Witze gerissen, für saftige, kräftige, wenn er abends mit ihr allein war im stillen Schlafgemach, um sie zu sich herüber zu locken. Und so war's ihm auch jetzt, als müsse er wieder den Mund öffnen, als müsse er was sagen, was recht Zweideutiges, Feines, Pikantes. Dann würde sie sich herablassen zu ihm mit holdseligen Gebärden; ringsum aber würde das Feuer dreimal so stark aus den Schalen hervorprasseln, die Blumen würden den Duft noch betäubender über alle ergießen, und die Standbilder der Obergewappelten würden die Beine schwenken, daß Olly selbst ihren Spaß daran hätte.

Oder nicht? Nein, sie war schlecht aufgelegt, merkte auch nicht, daß es aus der Unterwelt zu ihr sprach, sondern hielt sich auf einmal an den Grellinger. Und dem sagte sie's offen heraus, voll Verzweiflung in den Augen, als sie den Kirchhof wankenden Schrittes verließ. Neuntausend Mark, es wurde nicht mehr. Und wenn sie alle Schubladen noch einmal aufrisse, wenn sie noch hundertmal auf die Bank liefe! Neuntausend Mark, und die so gut wie verfallen. Von heute auf morgen zu leben, was dann käme, wisse der Himmel. Er glaube es immer noch nicht? Na, er werde es bald merken, wenn er noch länger so gaffe. Denn jetzt war's an ihm, zu handeln. Wo bleiben die versprochenen Millionen, wo? Jahre hatte sie gewartet; konnte er sie jetzt nicht bringen, dann war er entweder ein Trottl oder ein Lump. Was? Widersprechen wollte er? Und noch immer die schönen Redensarten von der Geduld? Damit war es vorbei. Entweder oder. Konnte er jetzt nicht wenigstens den Einsatz geben, dann warf sie ihn einfach hinaus, dann spielte sie Fangball mit ihm, wie mit allen Männern, mit allen Hunden, mit …

»Wie schaust du aus?« schrie Grellinger auf einmal ganz entsetzt, »komm heim, ich hol' deine Mutter, ich hol' den Firneusel.«

Ihre Mutter? Nicht um die Welt! Mit der war sie fertig. Aber den Firneusel – das war vielleicht zu überlegen. Er machte ihr zwar unverschämte Anträge, er nannte sie Ollerl, wie zur Brautzeit, ja sogar Küsse hatte er schon riskiert. Trotzdem sie ihn abwies, den Süßmeier, den faden, der ihr verhaßt war, wie die ganze übrige Bagage. Aber wer weiß, wer weiß, wozu man ihn brauchen konnte? Eben weil er gar so vergafft war, der feine Herr Hofrat, der korrekte Ehemann, der sie immer seiner Freundschaft versicherte und den ganzen Tag zu der Börnerau lief, der überall die Karten mischte, in alle Haferin guckte und vielleicht eines Tages doch so wunderbar an der Nase herumzuführen war, so leicht, so fein, daß er den dicken Betrug erst merkte, wenn's lange zu spät war, wenn Olly schon über alle Berge flog, weit weg mit der letzten Habe und – mit dem jungen, ungarischen Grafen.

Jawohl, mit ihm! Mitten in der größten Bedrängnis, mitten auf der schmutzigen Straße, unter den hastenden Friedhofbesuchern war ihr das eingefallen. Sie sah den Ort vor sich, wo sie ihn kennengelernt hatte. Sie sah die große Terrasse von Monte Carlo im vollen Mondschein liegen, hoch über dem glitzernden Meere und den exotischen Gewächsen. Ein Streifen roten Lichtes huschte darüber. Der kam aus der Türe eines weitgeöffneten Saales. Da drinnen schwebten die Paare vorüber unter den Klängen eines leichten, französischen Walzers, eines von jenen, die weder Melodie noch Rhythmus erkennen lassen, die nur einlullen in Sinnlichkeit und Sommernacht. Denn Sommer ist immer in diesem glücklichen Lande und Karneval auch; da braucht man nicht lang erst zu warten, wie in München, dem alten Philisternest, bis die Polizei am Dreikönigstag die Genehmigung gibt. Man tanzt das Jahr durch, hat man aber genug gedreht, dann geht man ein paar Schritte weiter und wirft Geldstücke auf den grünen, lautlosen Tisch, diese großen, prachtvollen Louis, wovon einer gleich hundert Franken umfaßt. Die rollen und rollen und rollen, sie mehren sich, sie wachsen zum ungeheuren, glühenden Haufen.

»Schon möglich; man muß sie nur erst haben zum Einsatz«, stieß Grellinger wütend hervor und empfahl sich.

Olly gab keine Antwort mehr, sondern lächelte nur, ganz eigentümlich, ganz versteckt. Als sie aber zu Hause war im stillen Zimmer, als sie Hut und Mantel abgelegt hatte, tat sie es nicht mehr, sondern setzte sich nachdenklich auf das seidene Sofa gegenüber dem goldumrahmten Bilde des Gatten. Da sah sie hinauf, den Arm auf die Lehne, den Kopf auf die Hand gestützt, fünf bis sechs Stunden. Bis der Abend kam. Sie schaute in die Augen des Herrn Schefbeck, in diese wasserblauen, gutmütigen Augen, sie ging die spiegelglatte Glatze herunter, die gutrasierten, rundlichen Hängebacken, auf die rote Plastronkrawatte. Alle Haare des Bärtchens zählte sie da der Reihe nach. Der Herr Kunstmaler hatte keines vergessen, hatte sie glattgestrichen wie der Friseur vor der Sitzung mit den Brenneisen. Auch der Salonrock saß, als hätte ihn der Schneider eben neu aufgebügelt, tadellos wie die hellgraue Weste mit den gelben Pünktchen, wie die Uhrkette mit den mächtigen Gliedern, wie der Goldreif mit dem großen Brillanten. Riesig hatte ihn Olly immer genannt, riesig wie das Vermögen. Und riesig sagte sie auch jetzt noch. Dabei wurden ihre Blicke immer sonderbarer, ihre Gedanken immer grotesker. Sie tanzten herum, sie bohrten sich durch das Bild, so fest, so erregt, daß es weiter drang durch Leinwand und Mauern hinaus zum Camposanto.

Was war das? Der Festrausch vorüber, die Lichter am Erlöschen, über der Säulenhalle die Dämmerung des trüben Novemberabends und hinter ihr mit leisen, unmerklichen Schritten ein böses Erwachen, ein gräßlicher Kater. Sollte es möglich sein? Ihn verschachern, ihn ausgraben? Er war im Recht, auf eigenem Grund und Boden. Einen Verkaufsbrief besaß er, den der Bürgermeister unterschrieben hatte und zwei Rechtsräte dazu. Auf immer, stand da drinnen zu lesen, und wenn die Gemeinde ihr Wort brach, dann war das Gericht da. Das Landgericht und der Justizrat. Jawohl, der Herr Klemperer. Für was zahlte denn Herr Schefbeck die großen Rechnungen alle Jahre? Her mit dem Kerl! Und wehrte er sich, dann wollte sein Klient gleich selber dagegen stemmen, er wollte schreien, brüllen. Ah, sie sollten nur kommen, alle die guten Familien, sie sollten es nur versuchen, sich breit zu machen da unten: er blieb. Mochte das Weib, das elende Weib, noch so finster auf ihn herstarren mit diesen wunderschönen Augen, mochte es noch so verwegene Gedanken wälzen.

Aber was er auch dachte und zusammenreimte, der tote Herr Schefbeck, sie machten nicht halt vor ihm, weder die Augen noch die Gedanken von Olly. Sie maßen das Grab, sie maßen das Geld, das riesige Geld, sie maßen die Entfernung vom Camposanto, vom südlichen Friedhof zu den Reihengräbern des östlichen. Niemals hatte Olly diese Stätte betreten. Und jetzt sah sie auf einmal dem Dunkel des Abends einen niederen Erdhügel mit einfachem Kreuz entsteigen, so deutlich, als hätte sie da draußen schon selber gewohnt. Während sie aber hinstarrte, hörte sie plötzlich das Gelächter der Stadt, den gellenden Entrüstungsschrei von jung und alt, von hoch und nieder. Oh, welche Affäre, welch ein Skandal! Mit den Fingern würde man auf sie weisen, mit vollen Backen würde man sie verfluchen. »Meinetwegen!«, sagte sie halblaut vor sich hin und blickte noch fester auf ihren Gatten, diesmal sogar mit dem Ausdruck eines bösen Trotzes. Ob er wollte oder nicht – er mußte heraus aus der Gruft! Denn, wenn sie es recht bedachte, dann trug er alle Schuld und hatte sie sitzenlassen im schrecklichsten Elend, gerade so, wie es die Börnerau immer behauptete; noch mehr, er hatte sie regelrecht angeschwindelt. Also, vorwärts Herr Schefbeck, zur Wanderung gerüstet! Er wollte nicht? Er berief sich auf sein Recht, auf Verbriefung, Urkunde und Magistratsräte? Da konnte geholfen werden. Nicht mit Brutalität, nein mit dem Gefühl, mit dem letzten Aufwand von Pathos, der ihrer Handlung auf drei Tage nach außen sogar noch ein schönes Mäntelchen umlegte.

»Wenn ich sage, ich kann mich nicht von ihm trennen? Wenn ich sage, ich nehme ihn mit mir nach Monte Carlo? Wenn ich sage, ich lasse ihm dorten ein Grab bauen, noch viel schöner und großartiger, als er's hier gehabt hat, dann..., dann fallen die Esel darauf rein! Ja, so ist's am besten! Karl Borromäus, 's ist schon tief im Herbst, kühl und neblig wird's draußen, drum lös dir eine Fahrkarte ... du bist ohnehin so gern an die Riviera gegangen, so geh auch diesmal, gelt?«

Damit sprang sie in die Höhe, und in ihren Augen funkelte es wie von sprühendem Feuer. An die Börnerau direkt? Das ging nicht mehr nach der Szene. Aber für was war denn ihr ehemaliger Bräutigam da, der Herr Hofrat, der treue Freund der Frau Generalin, der Freund des Bürgermeisters, des Rechtsrats, der Freund von Gott und der Welt? Der mußte alles erledigen, der mußte die Herren dahin bringen, wohin sie verlangte. Freilich, er würde schon ungestüm werden, er würde schon fordern. Aber sie würde zurückhalten, nur versprechen würde sie, und obendrein wollte sie ihm die Überraschung so bitter wie möglich machen. Das war ihr letzter Trumpf. Ihn reizen, ihn kitzeln, bis sie das Geld besaß, und dann eilig davon. Wenn er aber brutal wurde, dann schrie sie um Hilfe, oder sie schoß ihn nieder. Auf, fort in das Schlafzimmer! Dort riß sie die Kleider herunter in fiebernder Hast, mit zitternden Händen, bis sie nackt in der Mitte des Zimmers stand. Dann stellte sie sich vor den Spiegel, sie reckte sich, sie lächelte sich selber zu, befriedigt von der eigenen Schönheit, gewiß ihres Sieges, den sie noch steigern, noch überbieten wollte. Darum holte sie durchbrochene, seidene Strümpfe heraus, sie warf ein Batisthemd über, das Hals und Arme freiließ, sie frisierte die Haare. Jetzt, wo alles bereit war, mit einem Satz in das weite, mächtige Bett und zurückgelehnt in die Kissen. Sie hatte es Herrn Schefbeck ja immer gesagt, daß man nichts ernst nehmen dürfe, am letzten die gute Gesellschaft. Ein paar Jahre noch, dann würde sie wiederkommen, dann würde alles vergessen sein, alle Schärfe, alle Schroffheit wieder verwandelt in alte Gemütlichkeit, – wie nach dem Fall mit dem Grellinger. Drum ohne Zaudern auf den Elfenbeinknopf gedrückt!

»Ich bin krank, sehr krank. Holen Sie sofort den Herrn Hofrat.«

Das rief sie so laut, so energisch, daß Herr Schefbeck es wieder hörte, draußen im Camposanto. Noch schlechter wurde es ihm da in seinem Sarge als ihm schon war. In letzter Verzweiflung wollte er seine verglasten Augen in die Richtung drehen, wo die Grundstücke lagen, die weiten Felder, die er der Stadt vermacht hatte. Wo blieb denn der Bürgermeister mit seiner schönen Rede, wo blieb der Schwartzkogel, der hochgelehrte Professor? War auch alles verpfändet, der Schwindel haushoch aufgetragen wie die Hypotheken und die nach Fäulnis schmeckenden Schutthaufen – zum Teufel noch mal, etwas mußte ja doch noch herauszuklopfen sein bei dem Handel, und war's auch nur so viel, daß er sein Grab behalten konnte, daß er nicht fort zu wandern brauchte ins graue Elend, in die Armut, weg über bläulich schimmernde Lederstiefel und in Stücke geschlagene Nachttöpfe. Scheußliches Bild! Herr Schefbeck wußte, das alles lagerte statt der sauberen Arbeiterhäuschen mit den grünen Fensterläden, den Springbrunnen und den modernen Bildern da draußen, dicht neben leeren Konservenbüchsen und verbuckelten Eisenkübeln. Und bei dem Gedanken hätte er sich am liebsten bekreuzigt. Verflucht der Spekulant, der Bauunternehmer, der zu dem Kaufe geraten hatte! Jetzt standen die betrogenen Teilhaber mit langen Gesichtern herum, nur einer von ihnen rührte sich und schwang einen Hammer. Einen kleinen unscheinbaren Holzhammer. So schien es wenigstens Herrn Schefbeck in seinen schrecklichen Vorstellungen, ja, er meinte deutlich dabei zu hören, daß ausgerufen wurde, wie bei einer Versteigerung.

Aber die Schläge wuchsen und wuchsen, als kämen sie vom mächtigsten Eisenwerke, plötzlich stemmte es dazwischen mit Winden und Bohrern, und auf einmal riß es den Gruftdeckel empor wie am Tage des Gerichtes. Nach beiden Seiten, mit jähem Rucke, daß es laut widerhallte in den Gewölben. Und immer weiter trieb es dahin. Es kamen acht schwarze Männer; vier trugen kleine Laternen, die anderen vier packten den Sarg und warfen ihn ohne Umstände auf einen simpeln, niederen Karren. Viel simpler noch als jenen, der Herrn Schefbeck vor zwei Wochen hinausgefahren hatte. Zum östlichen Friedhofe ging es auf ihm, die öden Sandreihen entlang zu einem schmalen, offenen Grabe. Serie sieben, Grab zweihundertdreiundzwanzig, lag das dumme Annerl; auf zweihundertvierundzwanzig zog jetzt Herr Schefbeck. Ohne Feierlichkeit, ohne Posaunenklänge, ohne Geläut, ohne Geleit. Und während die ganz gemeinen Schollen auf den feinpolierten Sarg herniederprasselten wie Infanteriesalven, hob es den neuen Ankömmling auf einmal höher und höher zum Himmel hinauf, bis es aus war mit Welt- und Erdenbewußtsein. Nur ein letzter Ton drang noch von unten als Scheidegruß von der schwindenden Vaterstadt. Der kam von den drei Tarockbrüdern, die gleichgültig an dem zugeworfenen Grabe standen, die Hände in der Tasche, die Zigarren im Munde.

»Was hab' i denn g'sagt?« fragte der erste.

»Haben S' ja glei' g'wußt«, lachte der zweite.

»Recht is eahm g'scheh'n«, nickte der dritte.

Und in das unverfälschte Münchnerisch der ehemaligen Freunde mischte sich aus den höheren Sphären bereits wieder das tadellose Hochdeutsch der singenden Engel und Cherubime.

Claudia Denk

Erläuterungen zur Erzählung »Das Grab des Herrn Schefbeck«

S. 7
Schuldbuch aufgeschlagen, […], jede Lüge, jede Völlerei, jede Unkeuschheit: Das Schuldbuch bezieht sich auf die katholische Lehre der Werk- beziehungsweise Gesetzesgerechtigkeit, wonach beim Jüngsten Gericht die guten und die schlechten Taten abgewogen werden. Je nachdem erlangen die Auferstandenen das ewige Leben oder sie werden zum Höllensturz verdammt. Ein unmittelbarer Hinweis auf die Werkgerechtigkeit bietet die Offenbarung des Johannes (20, 12): »Und ich sah die Toten, die Großen und die Kleinen, vor dem Thron stehen, und Bücher wurden geöffnet; und ein anderes Buch wurde geöffnet, welches das des Lebens ist. Und die Toten wurden gerichtet nach dem, was in den Büchern geschrieben war, nach ihren Werken.« Von den drei genannten Sünden gehören Völlerei und Unkeuschheit zu den sieben Todsünden, die nach der Lehre der katholischen Kirche den Höllentod als zweiten Tod nach sich ziehen (Lexikon für Theologie und Kirche, hrsg. von Josef Höfer und Karl Rahner. Freiburg 1986, Band IV, S. 830).

S. 7
Fegefeuer: Das Fegefeuer (lat. Purgatorium, Reinigungsort) kommt in der Heiligen Schrift nicht vor. Nach der Lehre der katholischen Kirche ist dieses neu »erfundene« Jenseits jener Ort, wo die Seele der Verstorbenen ihre Sündenstrafen abbüßen können, um anstelle in die Hölle in den Himmel zu gelangen. Nach Jacques Le Goff dramatisiert das Fegefeuer die letzte Phase irdischer Existenz, denn Furcht und Hoffnung verschmelzen sich hier. Gebete der Lebenden können helfen, die Zeit im Fegefeuer zu verkürzen

und den Zustand der Sündlosigkeit zu erlangen, um in den Himmel einzugehen. Die Vorstellung eines solchen »dritten Orts« (Luther) zwischen Himmel und Hölle entstand im 12. Jahrhundert. Zwischen dem 15. und 19. Jahrhundert wurde das Fegefeuer prägender Bestandteil des katholischen Glaubens (Jacques Le Goff: Die Geburt des Fegefeuers. München 1984, bes. S. 435f.).

S. 8
Lebendig-begraben-werden: Die Furcht vor dem Scheintod grassierte seit dem 18. Jahrhundert. Spektakuläre Schilderungen von Klopfzeichen vermeintlich Toter oder Verstorbener, die ihre Lage veränderten oder sich gar von ihrem Lager erhoben, nährten diese Vorstellungen, so dass sich die Medizin zunehmend damit beschäftigte. Maßnahmen zur Abhilfe wurden entwickelt, wie die Aufbahrung in den seit den 1790er-Jahren neu erbauten Leichenhäusern. Es wurden Weck- und Signalapparate eingerichtet beziehungsweise die Leichenwächter mussten häufig nach den Toten sehen (Philipp Ariès: Geschichte des Todes. München 1987, S. 508 und Fischer 1996, S. 21).

S. 8
Monte Carlo: Monte-Carlo ist ein Stadtteil des Stadtstaats Monaco. Sein Name geht auf Carlo III. zurück, der in den 1860er-Jahren das Spielcasino erbauen ließ. Bald umschloss das Casino eine exklusive Hotel- und Villenstadt mit üppigen Gärten. Der Neubau des Casinos erfolgte bereits kurze Zeit später 1878/79 durch keinen Geringeren als den Erbauer der Pariser Oper, Charles Garnier (AKL, Band 49, S. 362ff.). Im letzten Drittel des 19. Jahrhunderts entwickelte sich Monte-Carlo besonders zur Winterzeit aufgrund seines milden Klimas zur ersten Adresse des internationalen Tourismus.

S. 9
alten, südlichen Friedhof: Der Alte Südliche Friedhof ist einer der ältesten außerstädtischen Kommunalfriedhöfe Deutschlands. Er wurde im 16. Jahrhundert als Pest- und Entlastungsfriedhof gegründet. Mit dem im Jahr 1788 festgesetzten, innerstädtischen Bestattungsverbot erlangte er den Rang des alleinigen Bestat-

tungsorts Münchens. Seine eigentliche Geburtsstunde liegt damit am Ende des 18. Jahrhunderts. In der ersten Hälfte des 19. Jahrhunderts sollte er sich in vielerlei Hinsicht zu einer der bedeutendsten Anlagen Europas entwickeln. Die erste wichtige Erweiterung erfolgte 1817 im Sinn einer »architecture parlante« (einer sprechenden Architektur) in Gestalt eines Sarkophags von Gustav Vorherr. Zusammen mit der späteren Erweiterung von Friedrich von Gärtner durch eine Campo Santo-Anlage bildete der Alte Südliche Friedhof eine der ästhetisch gelungensten Umsetzungen der neuen Bauaufgabe Friedhof in Deutschland. Heute ist der ursprünglich vor den Toren Münchens gelegene Friedhof eine innerstädtische grüne Oase. Durch die Kriegszerstörungen ging ein Großteil der baulichen Elemente verloren. Der Bestand an Grabmälern wurde von über 20000 auf rund 5000 reduziert. Ab den 1950er-Jahren wird er als Grünanlage genutzt. Seit 1979 ist er in die Denkmalliste eingetragen. Seine historische Relevanz ist zeitweise in Vergessenheit geraten. Erst in allerjüngster Zeit wird sie mit seiner aktuellen Erforschung wieder bewusst (Denk/Ziesemer 2014).

Säulenhalle des sogenannten Camposanto: Die zweite große Erweiterung des Alten Südlichen Friedhofs durch den Campo Santo machte den Friedhof im 19. Jahrhundert berühmt. Mit der Choleraepidemie von 1836 begann die lange Planungsphase. Ab 1842 wurde der Friedhof, nachdem die Planungen für einen eigenständigen Friedhof nördlich der Stadt aufgegeben worden waren, unter Friedrich von Gärtner zu einem italienisch inspirierten Campo Santo mit Arkadenumgang und einem nahezu quadratischen Terrain mit Grabfeldern erweitert (Ziesemer 2014). Unmittelbares Vorbild war, so der stilistische Befund und die schriftlichen Quellen, La Certosa in Bologna. Im Jahr 1850 wurde er eingeweiht. Die begehrten Arkadenplätze dienten Ludwig I. zunächst als letzte Ruhestätte seiner engsten Entourage, bestehend aus Künstlern, Leibärzten und Ministern (vgl. Denk 2014, bes. S. 110ff.).

Reichsrat Dr. Ritter von Firneusel: Der Zivilverdienstorden der Bayerischen Krone war 1808 durch König Maximilian I. Joseph eingerichtet und mit dem persönlichen Adelstitel eines »Ritter von« verbunden worden (vgl. Ludwig von Coulon: Die Ritterorden. Ehrenverdienstzeichen, sowie die Orden adeliger Frauen im Königreich Bayern. München 1838, bes. S. 63ff.). – 1818 wurde von Maximilian I. Joseph neben der Kammer der Abgeordneten, die Kammer der Reichsräte eingerichtet. Diese war zunächst weitgehend aristokratisch bestimmt. Die althergebrachten Adelsprivilegien wurden weiter tradiert und sind als konservatives Gegengewicht zum eher progressiven Abgeordnetenhaus zu sehen. Ab den 1870er-Jahren bestimmten die neuen Industriellen, die Bankiers und Beamten die Gruppe der lebenslänglichen Reichsräte (vgl. Bernhard Löffler: Kammer der Reichsräte und Bayerischer Senat, in: Der Bayerische Landtag vom Spätmittelalter bis zur Gegenwart. Probleme und Desiderate historischer Forschung. Kolloquium des Instituts für Bayerische Geschichte. München 1995, S. 205–213 und Krauss 1997, S. 159ff.).

Unter einem großen Marmorbaldachin lag er, den der König eigens gestiftet hatte: Die Wittelsbacher ließen ihren Erziehern, Lehrern und anderen wichtigen Personen aus ihrem Umkreis aus Dankbarkeit aufwendige Ehrengrabmäler setzen: Zu nennen ist das Ehrengrabmal von Herzog Maximilian in Bayern für seinen Erzieher Benedikt von Holland (Alter Teil 18-13-11/12, Denk/Ziesemer 2014, Kat. 113). Prinz Karl von Bayern widmete seinem Ersten Adjutanten Franz Ferdinand von Leistner eine bronzene Liegefigur (Alter Teil 23-13-42/43, ebd. Kat. 128). Von Ludwig I. wurden Ehrengrabmäler für die Künstler Friedrich von Gärtner und Ludwig von Schwanthaler gesetzt, für den Erfinder Alois Senefelder und für den in München verstorbenen Adjutanten Ottos I. von Griechenland, Elias Mauromichalis (ebd. Kat. 130, 163, 73, 102). Zudem stiftete Ludwig I. auf dem Winthirfriedhof für seinen Religionslehrer Joseph Anton Sambuga (1752–1815) ein Grabmal (vgl. Um mich ist Heimat. Der alte Winthirfriedhof in Neuhausen, ein Stück Münchner Kulturgeschichte. München 2000, S. 33).

alle drei Wochen zur Königlichen Tafel gezogen, jeden Spätsommer im Allerhöchsten Jagdgefolge: Bereits Maximilian II. nutzte die Atmosphäre von überschaubaren Gesprächsrunden, seinen sogenannten Symposien, um im unmittelbaren Kontakt zur künstlerischen und wissenschaftlichen Elite Münchens seine Pläne auf dem Gebiet der Wissenschaftsförderung zu diskutieren.

Daran knüpfte Prinzregent Luitpold an: Sein Mittagstisch in der Residenz war der Treffpunkt für Künstler und Wissenschaftler. Dort war der berühmte Hygieniker Max von Pettenkofer ebenso regelmäßiger Gast wie der große Erzgießer Ferdinand von Miller (vgl. Krauss 2012, S. 123–140). »Der Regent kennt eine große Zahl der Münchner Künstler persönlich ... es vergehen nicht viele Tage im Jahr, an denen nicht Künstler an seiner Tafel sitzen« (Fritz von Ostini: Der Regent und die Kunst, in: Münchner Neueste Nachrichten 119/1911, S. 2). Die geladenen Gäste mussten sich den Vorlieben des Prinzregenten beugen, etwa seiner Liebe zur Jagd, die nicht jedem lag, wie dies für Ferdinand von Miller bezeugt ist (vgl. Birgit Joos: »Ein Tadel wurde nie ausgesprochen«, in: Leutheusser/Rumschöttel 2012, S. 151–176, hier S. 160f.).

dann ruhte im selben Rechteck der gleichen Säulenhalle der Präsident des Städtischen Spitals, der Obermedizinalrat Dr. Ritter von Klemperer: Der Arzt lässt sich mit dem bekannten Kinderarzt Dr. med. August Hauner (1811–1884) identifizieren, der sich 1845 in München niederließ und ein Privatspital für kranke Kinder eröffnete, das als Keimzelle der Pädiatrie gilt. Auch seine Habilitation widmete er der Kinderheilkunde. 1853 wurde er zum Professor ernannt und errichtete mit privaten Spenden und denen des Königshauses ab 1882 einen Klinikneubau (Große Bayerische Enzyklopädie, Band 2, S. 774 und Hufnagel 1983, S. 137). Seine Grabstätte, die er bereits 1860 als Familiengrab erworben hatte, schmückt ein hoher, schlichter Kalksteinobelisk und befindet sich im Alten Teil des Friedhofs (11-8-57).

Die Anspielung auf ein städtisches Ehrengrab (*Das alles hatte die Gemeindeverwaltung gespendet. Denn der Verstorbene war einer der größten Wohltäter der Menschheit, ein Kinderfreund, wie man ihn selten findet.*) lässt zugleich an das Ehrenmonument für Sebastian Gaigel (1797–1876) denken (Campo Santo, N-A-137). Als Besitzer eines Leihhauses war er zu großem Wohlstand gekommen und hatte sein gesamtes Vermögen der »Gaigel'schen Waisenfondsstiftung« und dem »Gaigel'schen Waisenunterstützungsfonds für höhere Ausbildung« vermacht. Die Stiftung erwarb die Grabstätte und ließ dort ein Grabmal errichten, das 10000 Mark kostete und zur Hälfte von der Stadt bezahlt wurde. Seine Wohltäterschaft wurde sowohl durch die Personifikation der sich einem Mädchen zuwendenden Monachia symbolisiert, als auch durch die Inschrift unter der Büste des Wohltäters: »Dem Wohltäter der Waisen/Herrn Sebastian Gaigel/gest. 27. Juni 1876/die/dankbare Stadtgemeinde/München.« (Denk/Ziesemer 2014, Kat. 152).

S. 10
Freilich, die Familiengruft der Frau von Börnerau lag nicht im Camposanto selbst, inmitten der guten Bekannten, sondern im offenen Viereck unter freiem Himmel: In dem Gatten der Frau von Börnerau, dem *Generalleutnant und Divisionskommandeur, Exzellenz Freiherr Karl von Börnerau* scheinen mehrere Personen gleichzeitig anzuklingen. So wird zum einen auf den Generalleutnant und Adjutanten Franz Freiherr von Leistner angespielt, der für seinen hohen militärischen Grad und seinen Status ungewöhnlicher Weise »nur« im Freiland ein aufwendiges Ehrengrabmal mit bronzener Liegefigur, gestiftet von Prinz Karl von Bayern, erhalten hatte (Alter Teil, 23-13-42/43; Denk/Ziesemer 2014, Kat. 128). Bei dem *leicht zu erspähenden Obelisken* dürfte es sich um den alle übrigen Grabmäler überstrahlenden monumentalen Obelisken des Generals Louis Bastoul (1753–1801) handeln, der im Zweiten Weltkrieg bis auf den Sockel zerstört wurde (Denk/Ziesemer 2014, Kat. 90). Grundsätzlich wurde der Obelisk aufgrund seiner Fernsichtigkeit zu einem der beliebtesten Grabmaltypen im 19. Jahrhundert.

Institutsfreundin: Das »Institut« bezeichnet das heutige Mädchengymnasium Max-Josef-Stift, das König Maximilian I. Joseph am 27. Mai 1813 als »Erziehungsinstitut für Töchter aus höheren Ständen« eröffnete. Das erste Schulhaus hatte am Oberanger gestanden. 1840 zog das Institut in das von Friedrich von Gärtner erbaute Schulgebäude an der Ludwigsstraße um. Die Entscheidung über die Aufnahme der Schülerinnen lag in den Händen des Königs. Als Vorbild der Schule dienten die *Maisons d'éducation de la Légion d'honneur,* die Napoleon als Mädcheninternate für die Töchter der französischen Ehrenlegionäre in Écouen und Saint-Denis eingerichtet hatte. Bei dem Max-Josef-Stift (heute in der Mühlbaurstraße) handelt es sich um die erste höhere Mädchenschule Bayerns (200 Jahre Max-Josef-Stift – Festschrift. 3 Bände [München 2013], bes. Band 1).

S. 11
Die (Grabstätte) war weit und breit berühmt ob ihrer Schönheit: Die neue Todesvorstellung vom sogenannten »schönen Tod« hatte Gotthold Ephraim Lessings Schrift »Wie die Alten den Tod gebildet« (1769) eingeführt und damit eine Abkehr vom »schaurigen Tod« des Barocks bewirkt. In München wurde die neue Todesvorstellung durch Johann Christian von Mannlich und durch den klassizistischen Bildhauer Franz Jakob Schwanthaler vertreten. Zu einem Höhepunkt führte sie der bei Bertel Thorvaldsen in Rom geschulte Bildhauer Ludwig von Schwanthaler. Die Ästhetisierung des Todes in den frühklassizistischen Grabmälern sollte im Fortgang des Jahrhunderts zu immer opulenter und aufwendiger gestalteten Grabmäler führen. Über eine solche Aufwandsteigerung ließen sich Reichtum, Geschmack und engagierte Totenfürsorge vermitteln. Auch garantierte der »Kunstwert« der Grabmäler ihr Bestehen über die Ruhefristen hinaus (Denk 2014, S. 81ff., 88ff.).

Excelsior: lat. der sehr Erhabene / Ausgezeichnete.

Er hatte die gutklingende Inschrift ein paar Felder weiter entdeckt auf dem Grab eines Bürgermeisters von München: Ruederer lässt den fünfzehn Jahre zuvor verstorbenen Ersten Bürgermeister Johannes von Widenmayer (1838–1893) vor hundert oder noch mehr Jahren leben. Als langjähriger Zweiter und schließlich Erster Bürgermeister (1870–1888 beziehungsweise 1888–1893) hatte Widenmayer Wesentliches für die Entwicklung der Stadt im Bereich der Hygiene und Stadtentwicklung bewirkt. Er war bekannt für seinen großen Fleiß, so dass er sein Herzleiden zugunsten seiner Amtsgeschäfte über lange Jahre ignorierte und so relativ plötzlich aus dem Amt heraus an einem Herzinfarkt verstarb (Manfred Peter Heimers: Johannes von Widenmayer (1888–1893). In: Friedrich H. Hettler / Achim Sing (Hrsg.): Die Münchner Oberbürgermeister. 200 Jahre gelebte Stadtgeschichte. München 2008, S. 65–73). Bei seinem Grab (N-A-88) handelt es sich um ein städtisches Ehrengrab, das die Stadt in prominenter Lage einrichtete und von Hans Grässel mit einem aufwendigen Monument schmücken ließ (Denk / Ziesemer 2014, Kat. 147).

Eines jener hochverdienten Männer, die Bayern achtzehnhundertsechsundsechzig zum Kriege geraten haben: Unweit des südlichen Arkadenflügels des Campo Santo beim zentral gelegenen, monumentalen Kruzifixus (33-5-9) befindet sich das als Fragment erhaltene Grabmal des Ludwig Freiherrn von der Pfordten (1811–1880). Auf der Aufnahme von 1968 ist noch das betende Kind von Johann von Halbig zu sehen, das auf den großen Verlust des Staatsministers durch den frühen Tod seiner Tochter verwies (Hufnagel 1983, S. 261f.). Von der Pfordten war 1849 erstmals von Maximilian II. zum Außenminister berufen worden. Er bestimmte mit seiner Ablehnung des preußischen Vormachtstrebens über lange Zeit den außen- und deutschlandpolitischen Kurs Bayerns. Nachdem er zwischen 1859–1864 als bayerischer Gesandter am Frankfurter Bundestag weilte, wurde er 1864 erneut Außenminister. Er bemühte sich – letztlich aber vergebens – aus den deutschen Mittel- und Kleinstaaten unter bayerischer Führung einen eigenständigen machtpolitischen Akteur gegen die Dominanz Preußens aufzubauen. Wie andere Zeitgenossen hatte er Bismarcks Entschlossenheit in der »Deutschen Frage« unterschätzt und im Gegenzug das Potenzial Bayerns überschätzt. Er konnte den Krieg von 1866 zwischen Österreich und Preußen nicht abwenden (Große Bayerische Enzyklopädie, Band 3, S. 1494).

Der sogenannte Deutsche Krieg 1866 war der zweite Krieg einer Reihe von drei Kriegen (1864, 1866, 1870/71), welche die Entscheidung der zukünftigen Gestalt Deutschlands bringen sollten. Ab Mai führte Preußen gegen Österreich und den Deutschen Bund Krieg, mit dem Ziel die neue Machtordnung für sich zu entscheiden. Als Sieger löste Preußen den Deutschen Bund auf. Zu den Besiegten gehörte auch Bayern, das sich nun einem Schutz- und Trutzbündnis Preußens unterwerfen musste. Infolge des Sieges gründete Preußen den Norddeutschen Bund (Haus der Bayerischen Geschichte, Der deutsche Krieg 1866 und die folgenden Reformen, www.hdbg.eu/koenigreich/web/index.php/themn/index/herscher_id/7/id/37 [zuletzt geöffent am 17. August 2014] und Thomas Nipperdey: Deutsche Geschichte. 1800–1866. Bürgerwelt und starker Staat. München 1983, S. 778ff.).

dem ersten Direktor der Staatsbank: Bei dem »ersten Direktor der Staatsbank« handelt es sich wohl um den Bankier Theodor Ritter von Pühn (1829–1900). Er war der Gründer der Bayerischen

Notenbank. 1875 hatte er die Position des Ersten Direktors der kaufmännischen Abteilung der Bayerischen Hypotheken- und Wechselbank und 1885 die des 3. Vorsitzenden der Direktion inne. Für seine Verdienste erhielt er den Titel eines Kommerzienrats (Vgl. Bosls Bayerische Biographie, Band 1, S. 606). Pühns Grabmal befindet sich unmittelbar benachbart im selben Arkadenflügel (N-A-70) zu der Gruft des realen Herrn Schefbeck, Georg Lorenz. Das heute noch bestehende Monument dürfte bald nach 1889 errichtet worden sein (Denk 2014, S. 124; StadtAM, Bestattungsamt 1189, Grabbuch [ca. 1843ff.], Erwerb in den Familienbesitz durch Theodor von Pühn, 20. November 1889).

eines großen katholischen Gelehrten: Dieser dürfte mit Ignaz von Döllinger (1799–1890) zu identifizieren sein, einem der bedeutendsten Theologen des 19. Jahrhunderts. Er wurde von König Ludwig I. 1826 an die Ludwig-Maximilians-Universität berufen, deren Rektor er 1872 wurde. Er trat zunächst als entschiedener Gegner der Reformation und Aufklärung auf. Im Vormärz war er als Abgeordneter der Frankfurter Nationalversammlung aktiv und verstand sich zunehmend als Sprecher eines politischen Katholizismus. Als Forscher erhielt er für seine Untersuchungen zur Papstgeschichte viel Anerkennung. Sein allmählicher Bruch mit der katholischen Kirche basiert auf seiner Ablehnung der Unfehlbarkeit des Papstes, die 1870 als Dogma verkündet wurde. Daraufhin wurde er 1871 vom Erzbischof von München und Freising gebannt. Schließlich gilt er heute als Vordenker der Ökumene und für die altkatholische Kirche als ihr geistiger Vater (Werner Küppers: Döllinger, Johann Joseph Ignaz von, in: NDB, Band 4, S. 21–25 und Große Bayerische Enzyklopädie, Band 1, S. 379f.). Der Bildhauer Adolf von Hildebrand fertigte 1890 einen Aufsatz mit seinem Bildnis auf dem väterlichen Grabmal, das sich heute noch im Alten Teil an der linken Mauerseite (M-l-242 / 242) befindet (vgl. Denk / Ziesemer 2014, Kat. 30).

S. 12

Kondukte erster Klasse: Eine Anspielung auf die verschiedenen Begräbnisklassen, die mit der Standeszugehörigkeit und dem wirtschaftlichen Wohlstand der Verstorbenen unmittelbar korrespondierten. Im Jahr 1828 waren fünf Begräbnisklassen eingeführt und die beteiligten Personen, der Aufwand, welcher Leichensaal etc., systematisch festgelegt worden. Ein »feierlicher Kondukt« war ein wichtiger Bestandteil und umfasste zur Zeit dieser Regelung »nur« den Chordirigenten, 3 Posaunenbläser, 6 Choralisten und 6 Singknaben (Rädlinger 1996, S. 122). Als Vergleich sei auf die umfangreichen, gut dokumentierten Trauerfeierlichkeiten für den Bürgermeister Johannes von Widenmayer hingewiesen (StadtAM, Personalakten 11454/3).

Trauermarsch von Chopin: Frédéric Chopin (1810–1849), Trauermarsch in c-Moll, Marche funèbre – 3. Satz der Sonate op. 35.

S. 13

Wurstfabrikation: Die Bezeichnung »Fabrikant« war zur Mitte des Jahrhunderts in München noch recht unscharf. Man schmückte sich außen zu Werbezwecken mit der Bezeichnung Fabrikant, etwa gerade auch auf Ladenschildern (StadtAM, Gewerbeamt 256/a, Verzeichnis derjenigen, die sich als Fabrikanten auf ihren Schildern bezeichneten). Zu den »echten« Fabrikanten zählte etwa der stahlverarbeitende Fabrikant Joseph Anton von Maffei (1790–1870) oder der Lederfabrikant Sebastian Streicher (vgl. Zerback 1997, S. 118 und für die spätere Zeit: Barbara Kink: Erfinder, Unternehmer, Finanziers – Industriepioniere in Bayern, in: Industriekultur in Bayern, Haus der Bayerischen Geschichte, 2013, S. 65–80).

GmbH: Kapitalgesellschaft mit beschränkter Haftung. Das GmbH-Gesetz datiert vom 20. April 1892.

Kommerzienrat: Im Jahr 1880 wurde der Titel »Kommerzienrat« auch in Bayern eingeführt. Fast vierzig Jahre lang war er für Bayerns erfolgreichste Wirtschaftsleute die begehrteste Auszeichnung. Er wurde an die bayerische Unternehmerelite aus Industrie, Großhandel und Bankwesen verliehen, allerdings mit der Voraussetzung, dass diese sich durch Spenden und Stiftungen an das Gemeinwohl ausgezeichnet haben beziehungsweise für den Staat von wesentlicher Bedeutung waren. Der Titel hatte eine hohe soziale und wirtschaftliche Signalfunktion: Über ihn wurde einem Wirtschaftsbürger bestätigt, dass er ein wohlhabender, glaubwürdiger und kreditwürdiger Geschäftspartner war. Den Titel erhielt man auf Vorschlag und durch die Bewertung verschiedener staatlicher Institutionen (vgl. Marita Krauss: Bayerische Kommerzienräte – Wirtschaft, Staat und Philanthropie, in: Industriekultur in Bayern, Haus der Bayerischen Geschichte, 2013, S. 81f.).

Eisenbahnanleihe: In Bayern fand die Industrialisierung erst relativ spät statt. Bald erarbeitete sich München aber eine wichtige Stellung, indem die bayerische Hauptstadt zu einer Hochburg der Lokomotivherstellung durch Krauss & Co sowie die Maffei AG wurde. Die Königlich Bayerische Eisenbahngesellschaft wurde 1844 gegründet und entwickelte sich bis zum Ersten Weltkrieg neben der Preußischen Staatseisenbahn zur zweitgrößten Länderbahn. Die Eisenbahnanleihen hatten in Deutschland neben den Anleihen der Staaten und Kommunen seit Mitte des 19. Jahrhunderts eine große Bedeutung. Neben deutschen Eisenbahnobligationen vermittelten die Banken österreichische, ungarische, italienische und russische Anleihen (Günther Siegfried Freund: Die Rechtsverhältnisse der öffentlichen Anleihen. Berlin 1907, S. 36ff.).

Brauerei- und Stahlindustrie: Die Großbetriebe der Lokomotivherstellung Krauss & Co sowie die Maffei AG beförderten wiederum die bayerische Stahlerzeugung. Im Jahr 1863 wurde deshalb die Maxhütte inmitten der Erzmienen in Rosenberg gegründet (vgl. Detlef Knipping / Rolf Höhmann: Die Maxhütte in Sulzbach-Rosenberg – ein Denkmal der bayerischen Eisen- und Stahlindustrie im europäischen Kontext, in: Denkmalpflege in strukturschwachen Regionen. Probleme und Chancen [Arbeitshefte des Bayerischen Landesamtes für Denkmalpflege 115]. München 2001, S. 33–55). Noch heute gilt München als Hauptstadt der Großbrauereien, genannt seien das Hacker-Pschorr-, das Spaten- und das Löwenbräu. Letzteres wurde als erste Brauerei im Jahr 1872 in eine Aktiengesellschaft umgewandelt (Astrid Assél und Christian Huber: München und das Bier. Auf großer Biertour durch 850 Jahre Braugeschichte. München 2009).

Zinshaus: Mietshaus.

S. 14

Das Patent, die große Erfindung: Bei der Erfindung und dem Patent zur Gewinnung von Gummi aus Wäldern Galiziens durch den früheren Offizier Herrn Grellinger, dürfte es sich um eine Anspielung auf den Kautschukboom Mitte des 19. Jahrhunderts handeln. Dieser setzte ein, nachdem Charles Goodyear im Jahr 1839 durch die Vulkanisation des Kautschuks eine hohe Widerstandsfähigkeit gegen mechanische und chemische Einflüsse gelungen war. Daraufhin wurden zur Kautschukgewinnung die tropischen Regenwälder des Amazonasgebietes erschlossen (Karl Karmarsch: Geschichte der Technologie seit der Mitte des 18. Jahrhunderts. München 1872, S. 575).

ein bedeutender Techniker [...] *ein Genie*: Erfinder und Techniker erfuhren im 19. Jahrhundert ein besonders hohes Ansehen, wie dies bereits für die erste Hälfte der weit über München hinausgehende Ruf des Optikers Joseph von Fraunhofer bezeugt. Zu denken ist aber auch an den Lithografen Alois Senefelder. Letztlich sind Ruederers Hinweise auch vor dem Hintergrund der Entwicklung Münchens zu einer Wissenschaftsstadt zu sehen, die unter Prinzregent Luitpold in guter Tradition weiter gefördert wurde (vgl. Krauss 2012).

Der hier mit ausgewiesenem Erfindungsreichtum gekoppelte Geniegedanke entstammte der Aufklärungszeit und reichte bis weit ins 19. Jahrhundert. Dem Genie wurden höchste menschliche Schöpfer- und Erfinderkräfte zugeschrieben. Auf der gesellschaftlichen Ebene erfuhren die als Genie anerkannten Künstler, Literaten, Musiker, Techniker, etc. eine entsprechend hohe Anerkennung (vgl. Jochen Schmidt: Die Geschichte des Genie-Gedankens in der deutschen Literatur, Philosophie und Politik. 1750–1945. 2 Bände. Darmstadt 1988).

lieb behalten würde sie's, unehelich, wie es war: Die hohe Kinder- beziehungsweise die Säuglingssterblichkeit betraf im 19. Jahrhundert ganz besonders uneheliche Kinder. Deren Lebensumstände waren gleich derjenigen ihrer Mütter deutlich schlechter, besonders was Ernährung, Ansteckungsrisiken und Krankenfürsorge betraf (Sybille Buske: Fräulein Mutter und ihr Bastard. Göttingen 2004, S. 36ff.).

S. 15

Perpetuum mobile: Das Perpetuum mobile ist eine nicht realisierbare Konstruktion, die – einmal in Gang gesetzt – ohne weitere Energiezufuhr ewig in Bewegung bleiben sollte. Den unermüdlich andauernden Bemühungen um die Erfindung von Maschinen nach diesem Prinzip wurde mit den Erkenntnissen von Julius Robert von Mayer Mitte des 19. Jahrhunderts die theoretische Basis entzogen (Norbert Welsch, Jürgen Schwab, Claus Liebmann: Materie. Erde, Wasser, Luft und Feuer. Berlin 2013, S. 93f.).

S. 16

Exaltation, Hysterie, Isarwasser: Die Exaltation, also übertriebene Aufregung und deren Steigerung in die Hysterie, wurde seit der Antike mit dem weiblichen Geschlecht verbunden. Bereits das griechische Ausgangswort Hystéra (Gebärmutter) gibt vor, dass es als eine spezifisch weibliche Krankheit galt, deren Ursache darin gesehen wurde, dass der Uterus lange Zeit untätig blieb. Nach dieser Auffassung trat sie bei Frauen nach der Pubertät ein oder bei Unfruchtbarkeit (Platon, Timaios 91c-d). Die Geschichte der Hysterie ist damit ein Teil der Geschichte imaginierter Weiblichkeit durch die Jahrhunderte (vgl. Regina Schaps: Hysterie und Weiblichkeit. Wissensmythen über die Frau. Frankfurt am Main / New York 1982). Noch vor dem Anbruch des Zeitalters der Psychoanalyse beschäftigte sich in Frankreich der französische Pathologe und Neurologe Jean-Martin Charcot im Rahmen eines umfangreichen Forschungsprojekts am Hôpital de la Salpêtrière mit der Hysterie. Sein Schüler Sigmund Freud veröffentlichte zusammen mit Josef Breuer die »Studien über Hysterie« (1895) und damit das erste Werk der Psychoanalyse.

Tod durch Ertrinken war im 19. Jahrhundert die meist praktizierte Suizidform. Wasserleichen wurden in Paris ab 1800 behördlich erfasst und betrugen 90 Prozent der Selbstmorde. Infolge der Romantik sollte der Selbstmord durch Ertrinken zum Liebestod schlechthin werden. In der weiblichen Wasserleiche sah man die »poetischste« aller Leichen, so etwa Edgar Allan Poe. William Shakespeares »Ophelia« inspirierte im 19. Jahrhundert zahlreiche literarische und malerische Umsetzungen – von John Everett

Millais' Bild »Ophelia« (1851/52) bis hin zu Arthur Rimbauds gleichnamigem Gedicht (vgl. Zora del Buono: Ins Wasser gehen, in: Mare 70, Oktober/November 2008, S. 91–96).

östlichen Friedhof: Gemeint ist der Ostfriedhof. Er ist einer der vier großen Friedhöfe Münchens, die um 1900 nach den Plänen des Stadtbaumeisters Hans Grässel errichtet wurden. Bereits 1821 hatte die Gemeinde Au einen ersten Friedhof eingerichtet, der heute die Sektionen 1 bis 9 umfasst. Anlässlich der Eingemeindung von Au und Giesing im Jahr 1854 wurde der Friedhof von der Stadt München übernommen. Aussegnungshalle, Leichenhallen und Nebengebäude entstanden unter Hans Grässel, der den Friedhof zwischen 1894 und 1900 erweiterte. Um 1900 nahm der Alte Südliche Friedhof, auch wenn er nicht mehr konkurrenzlos der Münchner Hauptfriedhof war, als der traditionsreichste Friedhof noch immer die erste Stelle ein, wogegen die großen Grässel'schen Anlagen zunächst noch um die Akzeptanz in der Bevölkerung ringen mussten (vgl. Krieg 1990, bes. S. 129ff.).

Sandreihen der Armenabteilung: Auf dem Ost-, Nord- und Westfriedhof legte man um 1900 probeweise Reihengräber an. Bei diesen stießen die Särge am Kopfende zusammen und sie lagen unmittelbar nebeneinander. Erst mit der Eröffnung des Waldfriedhofs im Jahr 1907 schien der Gräbernotstand endgültig behoben (vgl. Rädlinger 1996, S. 134).

den Tristan, den Holländer und den Lohengrin: Richard Wagner (1813–1883) wurde 1864 nach München berufen, nach dem Ludwig II. eine Aufführung der Romantischen Oper »Lohengrin« (WWV 75, Uraufführung 1850, Hoftheater Weimar) gesehen hatte. In München war unter dem Hofkapellmeister Franz Lachner das Orchester des Königlichen Hof- und Nationaltheaters zu einem derart hohen Niveau geführt worden, sodass die schwer zu spielenden Wagneropern hier besonders reüssieren konnten. Im Jahr 1865 wurde nach 77 Proben das unaufführbar geltende Musikdrama »Tristan und Isolde« (WWW 90) unter der Leitung von Hans von Bülow uraufgeführt. Die romantische Oper »Der Fliegende Holländer« (WWV 63) hatte bereits 1843 am Königlich Sächsischen Hoftheater in Dresden ihre Uraufführung erfahren. Noch um 1900 stand im Münchner Musikleben die Pflege Wagners im Vordergrund: Es fanden alljährlich Wagner-Festspiele statt. Im August 1895 inszenierte Franz von Fischer einen Wagner-Zyklus an der Hofoper. Das weltberühmte Sängerehepaar Heinrich und Therese Vogl sang in diesem Sommer in München (und nicht in Bayreuth). Für die Verstetigung der Wagnerfestspiele wurde 1901 das Prinzregententheater gebaut (Herbert Rosendorfer: Das Münchner Musikleben um 1900, in: Du. Die Zeitschrift der Kultur 29 [1969], S. 550–551).

S. 17
Bronze und Marmor: Bei Bronze und Marmor handelt es sich im 19. Jahrhundert um die bevorzugten Memorialmedien. Beide Materialien waren durch eine lange Tradition ausgewiesen. Sie galten als besonders dauerhaft, was auch im bürgerlichen Totengedenken immer wichtiger wurde. Der seit der Antike hochgeschätzte, kristalline weiße Marmor war teuer, da er, wie etwa der Carraramarmor, aus Italien importiert werden musste. Gegenüber dem Sandstein zeichnet er sich durch eine deutlich größere Witterungsbeständigkeit aus. Kombiniert wurden im 19. Jahrhundert gerne unterschiedliche Materialen. Mit der Gründung der Königlichen Erzgießerei (1823) begann die Erfolgsgeschichte des Bronzegusses im Bereich der Sepulkralkunst: Büsten, Figuren, Inschriftenplatten und dekorative Elemente wurden im Fortgang des Jahrhunderts immer häufiger und aufwendiger zum Schmuck der monumentalen Grabbauten in Bronze gegossen (vgl. Claudia Denk / John Ziesemer: Erz versus Stein. Bronze als erfolgreiches Memorialmedium, in: Denk / Ziesemer 2014, S. 182–193, bes. S. 183ff.).

S. 18 / 19
den berühmten Nationalökonom [...] *den Professor Schwartz kogel*: Bei diesem handelt es sich wohl um eine Anspielung auf den großen bayerischen Nationalökonomen Friedrich Benedikt Wilhelm von Hermann (1795–1868), der zu den wichtigsten Beratern der bayerischen Könige von Maximilian I. Joseph bis hin zu Ludwig II. zählte. Er war Professor der Technologie und Staatswissenschaften und wurde über sein Hauptwerk »Staatswirtschaftliche

Untersuchungen über Vermögen, Wirtschaft, Einkommen und Verbrauch« ([2]1870) habilitiert. Er arbeitete an zahlreichen staatlichen Ministerialkommissionen mit (zur Reform des Armenwesens, für die Reorganisation der polytechnischen Schulen etc.) und wurde Direktor des Bayerischen Statistischen Bureaus. 1848 wurde er in die Deutsche Nationalversammlung in Frankfurt gewählt und gehörte zugleich dem bayerischen Landtag an. Ab 1855 führte er den Titel eines Wirklichen Staatrats im bayerischen Innenministerium (Große Bayerische Enzyklopädie, Band 2, S. 833). Er fand seine letzte Ruhestätte unter den Neuen Arkaden und erhielt eine aufwendige, heute verlorene Standfigur von Johann von Halbig (Denk 2007, S. 50f. und Dies. 2014, S. 84).

S. 19
Arbeiterwohnungen: Zunächst entstanden vorwiegend in England zum Ende des 18. Jahrhunderts kollektive Wohngebäude, bald große Arbeitersiedlungen in unmittelbarer Nähe von Fabriken. Zur Mitte des 19. Jahrhunderts wurde diese Idee von deutschen Unternehmern aufgegriffen. Berühmte Beispiele sind die »Arbeiterkolonien« der Gussstahlfabrik Krupp in Essen, die unter Alfred Krupp ab 1860 errichtet wurden. Die »erste Werksiedlung der Münchner Industrie« entstand unter dem Architekten Theodor Fischer mit der Siedlung Alte Heide von 1918 bis 1929. Sie wurde von bekannten Münchner Unternehmen gegründet, darunter von der Löwenbräu A.G., der Lokomotivfabrik Maffei und den Bayerischen Geschützwerken München Krupp (vgl. Steffen Krämer: Deutsche Unternehmer und ihre Arbeiterkolonien im 19. Jahrhundert und frühen 20. Jahrhundert, in: Kunstgeschichte. Open Peer Reviewed Journal//www.kunstgeschichte-ejournal.net/archiv/2010/2647/; zuletzt geöffnet am 10. Juli 2015).

S. 20
Leichenhalle: Auf dem Alten Südlichen Friedhof diente die wiederaufgebaute Aussegnungshalle ursprünglich als Leichenhalle. Sie war ein wichtiger Bestandteil der ersten großen Erweiterung des Alten Südlichen Friedhofs durch Gustav Vorherr und wurde nach dem Krieg unter Hans Döllgast auf dem ursprünglichen

Grundriss wiederaufgebaut. Noch heute nimmt sie die zentrale Position des Arkadenhalbrunds hinter der Vorhalle ein (Ziesemer 2014, S. 62, 73). Mehrere Faktoren führten im 19. Jahrhundert zu der neuen Bauaufgabe »Leichenhäuser«: Mit der Ablösung der früheren häuslichen und dann kirchlichen Sorge um die Toten, ging die Totenfürsorge um 1800 in die Hände der Kommunen über. Es folgte ihre Institutionalisierung mit der Einrichtung der nun immer wichtiger werdenden Leichenhäuser. Diese ermöglichten die eingeführte Leichenbeschau zur Verhinderung des gefürchteten Scheintods. Zugleich konnte man dort in den Sektionsabteilungen statistische, medizinische und kriminalistische Erkenntnisse zur Ursachenforschung durchführen, galt doch der Tod längst nicht mehr als gottgegeben (vgl. Krieg 1990, S. 16ff. und Fischer 1996, S. 21ff.).

S. 21
Mesalliance: franz. Missheirat, bezeichnet in der Ständegesellschaft eine Ehe zwischen Partnern, die verschiedenen Gesellschaftsschichten angehören.

S. 22
Flambeauträger: Fackelträger.

S. 23
Boullemöbel: André-Charles Boulle (1642–1732) war ein berühmter französischer Ebenist zur Zeit Ludwig XIV. Er spezialisierte sich auf große, reich verzierte Schränke. Seine Marketerie (Einlegearbeit) aus Schildplatt und Metall (Kupfer und Zinn) wurden weltberühmt. Die realisierten Dekors wurden von ihm immer vielfältiger und von Voluten bis hin zu Singerien und Grotesken weiterentwickelt. Seine in »Partie«-Technik (Metalleinlage in Schildpattgrund) und in »Contre-partie«-Technik (Schildpatteinlagen in Metallgrund) ausgeführten Einlegearbeiten prägten die Möbelproduktion über einen langen Zeitraum. Bis ins 19. Jahrhundert wurde die Boulletechnik als luxuriöser Dekor eingesetzt und galt als Zeichen eines verfeinerten Geschmacks (AKL, Band 13, S. 336).

Ölbild von Bodenhausen, das ein Märchen, eines von Kiesel, das eine Odaliske, eines von Grützner, das betrunkene Mönche: Der Maler *Cuno von Bodenhausen* (1852–1931) war ein Schüler von Alois Kirnig in Prag und Wilhelm von Lindenschmidt d. J. an der Münchner Akademie (ab 1871). 1877 entstand sein Gemälde »Mignon und der Harfner«. Er pflegte eine gefällige, fein lasierende Malweise und war für seine süßlichen Madonnen und enterotisierten Frauenbilder berühmt (AKL, Band 12, S. 75). – Der Architekt, Maler und Bildhauer *Conrad Kiesel* (1846–1921) studierte unter anderem an der Kunstakademie in Düsseldorf Malerei und war einer der damals erfolgreichsten Bildnismaler, vorwiegend im Damenporträt, aber auch hoher Würdenträger bis hin zu Kaiser Wilhelm II. Nach vorübergehenden Aufenthalten in München ließ sich Kiesel 1885 in Berlin nieder, wo er den Titel eines königlichen Professors erhielt. Seine weithin bekannten Werke stellte er in den großen Ausstellungen in Düsseldorf und München aus und zeigte sie auf der Pariser Weltausstellung im Jahr 1900 (Allgemeines Lexikon der Bildenden Künstler von der Antike bis zur Gegenwart. Leipzig 1927, Band 20, S. 273). – Der Genremaler *Eduard Theodor Ritter von Grützner* (1846–1925) kam 1864 nach München und studierte unter anderem bei Johann Georg Hiltensperger, Hermann Anschütz und besonders bei Carl Theodor von Piloty. 1886 wurde er Professor an der Akademie. Er profilierte sich bald als Sittenschilderer, wobei er in den Kellern der bayerischen Klosterbrauereien seine erfolgreichen Themen aus dem Bereich mönchischer Zechgelage fand (AKL, Band 63, S. 426ff.).

S. 28

Briennerstraße: Die Brienner Straße ist neben der Maximilian-, Ludwig- und Prinzregentenstraße eine der vier Prachtstraßen Münchens, die in lockerer Abfolge durch mehrere Plätze – Wittelsbacher-, Karolinen-, Königs- und schließlich Stiglmaierplatz – rhythmisiert wird. Sie wurde von Ludwig I. nach der entscheidenden Schlacht von Brienne 1814 während der Befreiungskriege gegen Napoleon benannt. Der preußische General Blücher hatte mit Schützenhilfe des Fünften Bayerischen Armeecorps unter Feldmarschall Karl Philipp von Wrede der zurückweichenden

Grande Armée den entscheidenden Schlag versetzt. Als Königsstraße war sie bereits unter Maximilian I. Joseph begonnen worden. Sie führte entlang des alten Fürstenwegs, der die Residenz mit Schloss Nymphenburg verbunden hatte. Unter Ludwig I. sollte sie mit dem Königsplatz und dem Bau der Glyptothek, der Antikensammlung und den Propyläen vollendet werden (Karl Stankiewitz: Prachtstraßen in München. Brienner- und Prinzregentenstraße. Dachau 2009).

Abb. 1: Grabmal Lorenz / von Cramon, Campo Santo, Neue Arkaden Nr. 76

Claudia Denk

Ein Skandal um Geld, Liebe und Tod in der Prinzregentenzeit oder die wahre Geschichte des Herrn Schefbeck

Sechs Jahre vor Erscheinen von Josef Ruederers Novelle »Das Grab des Herrn Schefbeck« hatte den Alten Südlichen Friedhof als die traditionsreichste Münchner Friedhofsanlage ein heftiger Skandal erschüttert. Seine Wogen schlugen über die Presse bis hin zu Münchens Bevölkerung und in die oberste Stadtverwaltung. Auf politischer Ebene wurde in einem Ausschuss und im Plenum des Magistrats darüber befunden und auf literarischer griff Ruederer in seiner Novelle den skandalösen Verkauf einer Grabstätte auf und stieß damit eine Wirkungsgeschichte an, die bis hin zu Lion Feuchtwangers »Erfolg« reicht. Nur vordergründig erscheint das von Ruederer im Jahr 1909 erstmals publizierte »Grab des Herrn Schefbeck« als eine »surrealistische Geschichte«.[1] Ein jüngster Quellenfund bezeugt,[2] wie eng sich Ruederer die damalige Wirklichkeit zum Vorbild nahm, auch wenn diese in dem veritablen Skandal um Geld, Liebe und Tod beinahe surreale Züge angenommen hatte. Der Blick auf die historischen Ereignisse lässt den »wahren« Hauptakteur und einst erfolgreichen Großhändler Georg Lorenz als Urbild des Herrn Schefbeck Kontur gewinnen und macht zugleich deutlich, dass Ruederer mit seiner Novelle eine scharfsin-

[1] Hans-Reinhard Müller: Josef Ruederer – neu entdeckt, in: Ruederer-Werkausgabe 1987, Band 1, S. XI.

[2] Der in Ruederers Novelle verarbeitete historische Fall konnte im Rahmen des Forschungsprojekts zum Alten Südlichen Friedhof (Bayerisches Nationalmuseum in Verbindung mit dem Stadtarchiv München) erschlossen werden; vgl. Denk 2014, bes. S. 123f.

nige Analyse des überbordenden Totenkults der Prinzregentenzeit gelungen ist.

Zu der Zeit als Ruederer seine Novelle verfasste, besaß München eine der reichsten Friedhofslandschaften Deutschlands. In kaum einer anderen Stadt waren in dem kurzen Zeitraum zwischen 1891 und 1907 derart aufwendige und zukunftsweisende Friedhofsanlagen mit internationaler Strahlkraft realisiert worden: Je auf ihre Weise schrieben die drei in den verschiedenen Himmelsrichtungen angelegten Großfriedhöfe Ost-, Nord- und Westfriedhof sowie der spätere Waldfriedhof Friedhofsgeschichte. Sie waren wichtige Pionierleistungen auf dem Gebiet der Reformierung des Bestattungswesens, große städtebauliche Leistungen der Stadt auf ihrem Weg zur Metropole[3] und als neue würdevolle Bestattungsorte in aller Munde.

Ihre Aktualität spiegelt nicht zuletzt Thomas Manns Novelle »Tod in Venedig« (1911) wider, ließ er diese doch am Nordfriedhof beginnen und schrieb den Friedhof so für immer in das literarische Gedächtnis der Kunststadt ein. Wie in keiner anderen Epoche konnte sich im »langen 19. Jahrhundert«[4] das Totengedenken auf einer breiten gesellschaftlichen Basis entwickeln und erhielt damit seine eigene Dynamik. Auch in München wurde das neue Bürgertum nicht nur in der Wirtschaft, in der Politik und im gesellschaftlichen Leben zunehmend aktiv,[5] sondern ganz besonders auch im Bereich der Memoria, deren kaum zu überschätzende soziale Bedeutung Ruederer mit spitzer Feder dokumentierte.

3 Vgl. Krieg 1990 und Stephan 2012, S. 98f.

4 Vgl. Franz J. Bauer: Das »lange« 19. Jahrhundert (1789–1917). Profil einer Epoche. Stuttgart 2004.

5 Zu den verschiedenen Handlungsfeldern der neuen Bürgerlichen vgl. Zerback 1997 und allgemein zur großbürgerlichen Grabmalkunst Fischer 1996, S. 60ff.; aus genderhistorischer Perspektive jüngst Anna-Maria Götz: Die Trauernde. Weibliche Grabplastik und bürgerliche Trauer um 1900. Köln [u. a.] 2013.

Der Skandal um den Verkauf einer Arkadengruft auf dem Alten Südlichen Friedhof

Der Alte Südliche Friedhof, der viel von Münchens Kunststadtmythos profitierte und heute noch zu den großen europäischen Nekropolen zählt, war von Ruederer bereits in seinem Beitrag von 1901 zu Allerseelen in »Der Tag« und in seinem München-Buch von 1907 im letzten Kapitel »Das Ende, die Zukunft« mit Blick auf den in vordergründige Opulenz umschlagenden Totenkult der Gründerzeit thematisiert worden. Als damaliger Zentralfriedhof der Stadt entfaltete sich der Friedhof im Lauf des 19. Jahrhunderts zu einem öffentlichen Inszenierungsraum von großer gesellschaftlicher Wirkkraft. In seinen hierarchischen Strukturen und gestalterischen Besonderheiten bot diese »alte Stadt« ein Abbild des damaligen Münchens, seiner Bevölkerung und seiner gesellschaftlichen, politischen und wirtschaftlichen Entwicklungen. Der Stadtchronist Ulrich von Destouches beschrieb früh, welche große (Sog-)Wirkung diese Totenstadt vor den Toren gerade auf die Lebenden ausübte. Dort konnten sie besonders an Festtagen wie Allerseelen ihrer toten Familienangehörigen gedenken, den neu hinzugekommenen Grabmälern ihre Bewunderung (oder ihren Neid) bezeugen und berühmten Toten ihre Ehre erweisen.[6]

Ein prominenter Schauplatz – Der Campo Santo König Ludwigs I.

Konkret lässt sich die Grabstätte, um die sich Ruederers Novelle rankt, im Erweiterungsteil des Friedhofs, dem sogenannten Campo Santo, verorten, präzise in dessen südlichem Arkadenflügel entlang der Kapuzinerstraße, und zwar auf Grabstelle Nummer 76 (Abb. 1). Noch heute ist sie in eine illustre Nachbarschaft von Grabstätten prominenter Münchner eingebettet. König Ludwig I. hatte als begabter »Memorialstratege« schnell erkannt, dass der neue Münchner Zentralfriedhof ein Gedenkort der besonderen Art sein konnte (Abb. 2).

[6] StadtAM, Stadtchronik 1836, S. 193f.

Abb. 2: Historische Aufnahme des Alten Südlichen Friedhofs mit Blick in den nördlichen Gang der Neuen Arkaden, aus: Stadtchronik, 1892

Abb. 3: Historische Ansicht der Ruhmeshalle mit Bavaria an der Theresienwiese, o. J.

Auf ihm waren die Einheit von Grabstelle und Denkmal und damit die Präsenz der Toten beim Gedenken sichergestellt.[7] Der König machte den Friedhof, obwohl seine Verwaltung in den Händen der Stadt lag, zu einem vergleichbar ambitionierten königlichen Erinnerungsprojekt wie die Walhalla in Regensburg oder die Bayerische Ruhmeshalle an der Theresienwiese (Abb. 3).

Die »Prachtwohnungen«[8] unter den Neuen Arkaden sind von berühmten italienischen Anlagen wie von dem Friedhof La Certosa in Bologna inspiriert worden. Gerade der erhabene Arkadengang eignete sich bestens dazu, wirtschaftliche, politische und gesellschaftliche Erfolge öffentlichkeitswirksam darzustellen, sodass dort neben die alten bald die neuen Eliten traten. Mit der Entwicklung Münchens

7 Vgl. zu diesem in der damaligen Denkmaldiskussion viel beachteten Aspekt Johann Wolfgang von Goethe: Die Wahlverwandtschaften. Stuttgart 1986 (1. Auflage 1809), S. 128 und Aleida Assmann: Erinnerungsräume. Formen und Wandlungen kulturellen Gedächtnisses. München 1999, bes. S. 324ff.

8 Die Bezeichnung stammt von Ernst Förster: Stand der Kunst in München zu Beginn des Jahres 1850, in: Deutsches Kunstblatt vom 14. Januar 1850, S. 13.

zu einem bedeutenden Wirtschaftsstandort und einer Metropole[9] erlebten auch die Arkaden nach 1848 schnell eine grundlegende Wandlung. Im Wettbewerb um die neuen Grüfte sollte bald nicht mehr politisches Ansehen, monarchische und magistratische Einflussnahme oder künstlerische Leistung maßgeblich sein, sondern die dort gerne auch demonstrativ gezeigte Finanzkraft des neuen Wirtschaftsbürgertums. Diese Entwicklung war auch Ruederer nicht entgangen: »Vorwiegend im Camposanto, wo früher nur verdiente Staatsmänner, Bürgermeister und Künstler begraben wurden [...] kaufen sich auch andere ihr Grab [...] und schmücken es bis zur Übertreibung.«[10]

Herrn Schefbecks Alter Ego – Der Großhändler Georg Lorenz und seine neue »Prachtwohnung« auf dem Campo Santo

Die Hauptperson des Skandals und damit das reale Alter Ego von Ruederers Schefbeck ist mit dem Großhändler Georg Lorenz ein erfolgreicher Vertreter des neuen Münchner Wirtschaftsbürgertums. Der Familienbogen im Stadtarchiv liefert die wichtigsten Eckdaten seiner Biografie (siehe Abbildungen 4 und 5): Georg Lorenz wurde am 30. September 1849 in München geboren und verstarb hier am 27. März 1901. Als Kaufmann und Großhändler war er auch im Exportgeschäft tätig. In erster Ehe heiratete er Katharina Dorothee Friederike Melcher (Stralsund 11. März 1842 bis 16. März 1891 München).[11] Nach deren Tod ehelichte er 1895 Josefine (auch Josefa), geschiedene Roch, geborene Rupprecht (geb. 12. März 1864). In den 1880/90er-Jahren residierte Lorenz wechselnd in bester Wohnlage: 1887 am Promenade Platz 16/2, 1892 in der Brienner Straße 1/I und 1897 schließlich wieder am Promenade Platz 16/2.

Um eine vergleichbar prominente (Wohn-)Lage hatte sich Lorenz in Münchens Totenstadt bemüht. Der nach zähen Verhandlungen zwischen dem Ersten Bürgermeister Jakob Bauer und Ludwig I. ausgehandelte Schuldentilgungsplan hatte dazu geführt, dass be-

[9] Elisabeth Angermair: München als süddeutsche Metropole – Die Organisation des Großstadtausbaus 1870 bis 1914, in: Bauer 1992, S. 307–366.

[10] Münchner Allerseelen, in: Der Tag vom 6.11.1901, zit. nach Müller-Stratmann 1994, S. 381.

[11] StadtAM, Polizeilicher Meldebogen (Georg Lorenz).

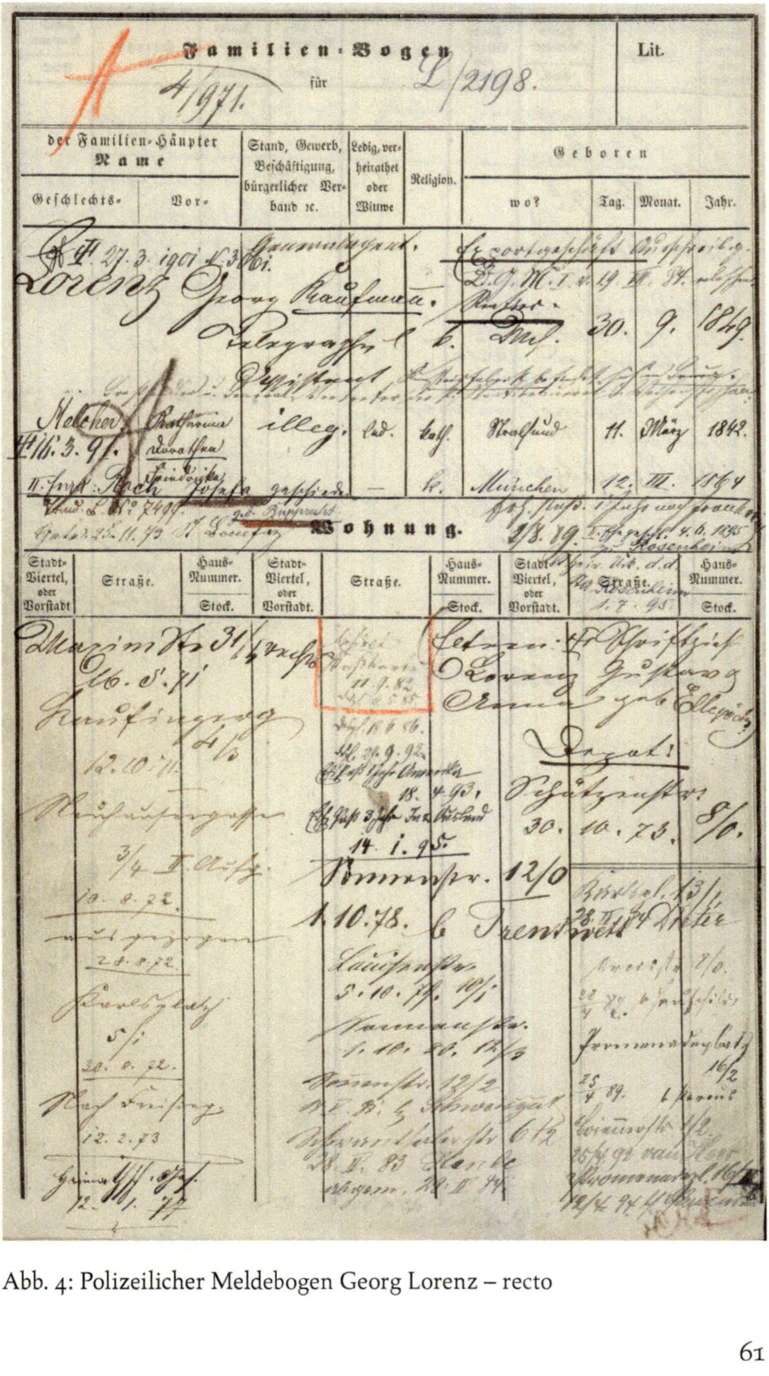

Familien-Bogen für | Lit.

der Familien-Häupter Name		Stand, Gewerb, Beschäftigung, bürgerlicher Verband rc.	Ledig, verheirathet oder Wittwe	Religion.	Geboren			
Geschlechts-	Vor-				wo?	Tag.	Monat.	Jahr.

Wohnung.

Stadt-Viertel, oder Vorstadt	Straße.	Haus-Nummer. Stock.	Stadt-Viertel, oder Vorstadt.	Straße.	Haus-Nummer. Stock.	Stadt-Viertel, oder Vorstadt.	Straße.	Haus-Nummer. Stock.

Abb. 4: Polizeilicher Meldebogen Georg Lorenz – recto

Stadt-Viertel, oder Vorstadt	Straße.	Haus-Nummer / Stock.	Stadt-Viertel, oder Vorstadt.	Straße.	Haus-Nummer. / Stock.	Stadt-Viertel, oder Vorstadt.	Straße.	Haus-Nummer. / Stock.

Abb. 5: Polizeilicher Meldebogen Georg Lorenz – verso

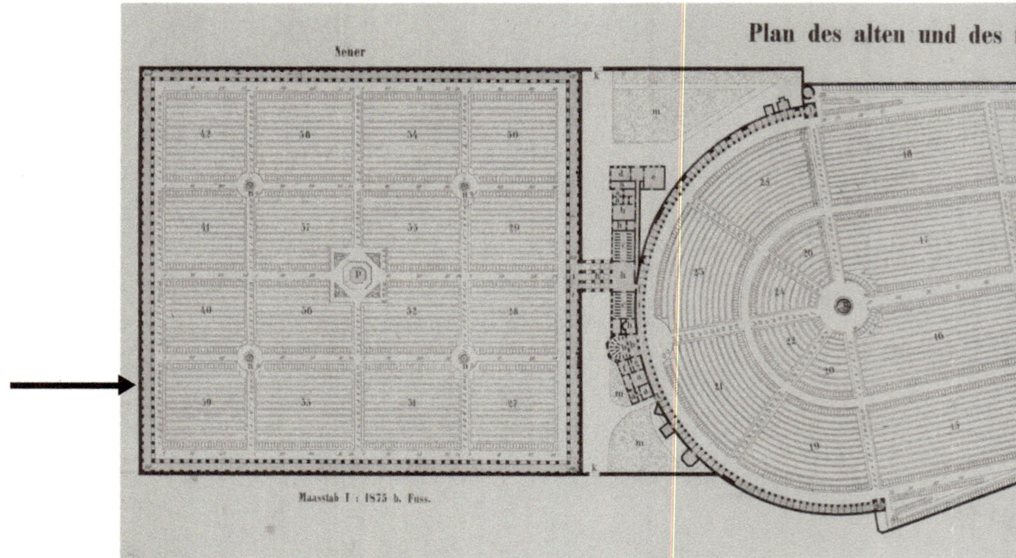

Abb. 6: Historischer Friedhofsplan des Alten Südlichen Friedhofs, Beilage aus: Der Münchner Gottesacker. Plan mit Nummerierung und Angabe eini-

reits in den frühen 1890er-Jahren der Vorrat an repräsentativen Arkadengrüften im Campo Santo endgültig zur Neige ging.[12] Daraus lässt sich ermessen, wie bevorzugt sich Lorenz gefühlt haben musste, als es ihm gelungen war, eine der letzten ehemaligen königlichen Grüfte für 6000 Deutsche Mark auf »einhundert Jahre« zu erwerben (Abb. 6).[13]

[12] Als Kostenträgerin der Erweiterungsmaßnahme hatte sich die Stadt darum bemüht, möglichst viele der Arkadengrüfte in kurzer Zeit zu verkaufen, um durch die überteuerten Grüfte die Finanzierung zu tragen. Im Oktober 1891 waren nur mehr drei Grüfte im neuen Erweiterungsteil zu haben; Claudia Denk / John Ziesemer: Zur Geschichte des Friedhofs. Vom »ferteren« Gottesacker zu Münchens Zentralfriedhof, in: Denk / Ziesemer 2014, S. 48f.

[13] Frver, Grabbücher (ca. 1843ff.): N-A-76, Erwerb: Georg Lorenz, Großhändler (17. März 1891; Taxe: 6000 M.); erste Bestattung: Katharina Lorenz, Großhändlersgattin (18. März 1891); des Weiteren: Georg Lorenz, Rentier (30. März 1901; Bemerkung: Beide wurden am 3. August 1903 auf 45.4.24. östlich transferiert); Umschreibung auf Antonie von Cramon, kgl. bay. Kämmerers-Oberstens-Witwe (23. Juli 1903); Angaben zu den 1907 vom Alten Nördlichen Friedhof Überführten: Antonia von Cramon, k. Kämmerer- und Oberstenstochter (15. September 1896); Paul von Cramon, k. Kämmerer u. Oberst u. Haupt der Leibgarde der Hartschiere (9. November 1900); Georg Pflaum, Oberst (5. März 1891); Julie Pflaum, Oberstenswitwe (29. April 1894); letzte Bestattung: Antonie von Cramon, Oberstenswitwe (22. Januar 1923).

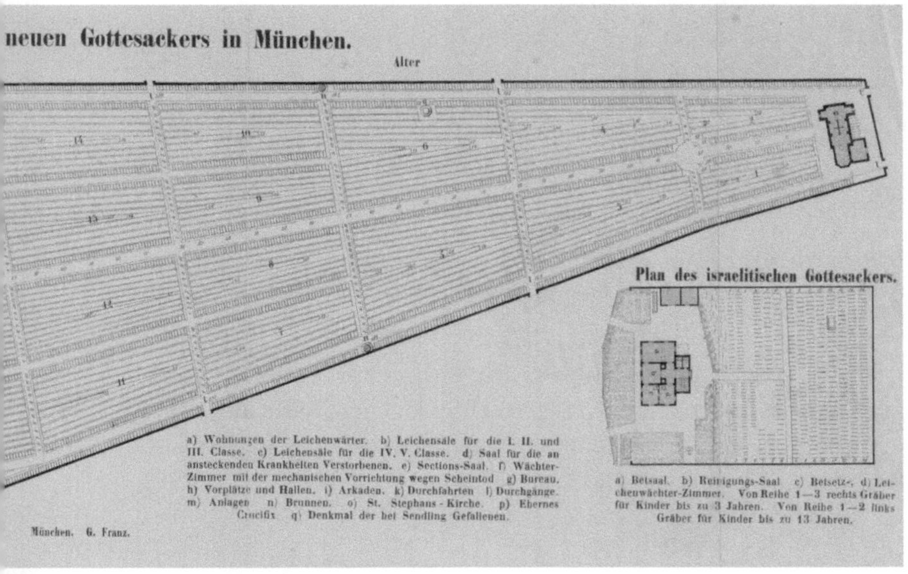

ger hervorragender Grabmonumente und Gräber. München 1855. Der Pfeil markiert die Grabstätte Lorenz.

Abb. 7: Historische Aufnahme mit Blick in den südlichen Gang der Neuen Arkaden mit Grabmal Lorenz / von Cramon (Engel im Mittelgrund), um 1940

Über der Arkadengruft Nr. 76 erhebt sich heute noch ein Wandgrabmal, das Lorenz in Erwartung seines eigenen Todes möglichst opulent mit teuren und dauerhaften Materialien gestalten ließ (vgl. dazu Abbildungen 1 und 7).

Ähnlich wie der Patriarch des Hacker-Pschorr-Bräus Josef Pschorr (1770–1841), der sich eine Generation zuvor ebenfalls schon zu Lebzeiten einen monumentalen Sarkophag hatte aufstellen lassen (Abb. 8),[14] plante auch Lorenz lange im Vorhinein: Eine aufwendige Portalarchitektur aus dem seit der Antike bevorzugten Memorialgestein, dem weißen Marmor, füllt die gesamte Arkade. Als Würdeform dient ein Architekturmotiv, das aus kannelierten Pilastern mit einem Rundbogenabschluss und einer Schlusssteinkartusche gebildet ist und eine imaginäre Himmelspforte (heute mit ausgebrochener Tür) umrahmt. Im Giebelfeld setzt eine prächtige Rosette mit geflügelter Sanduhr als Symbol der vergehenden Zeit einen ästhetischen und inhaltlichen Akzent.

Lorenz überließ bei den Vorbereitungen seines exklusiven Nachlebens nichts dem Zufall. Nur wenige Monate nach dem Erwerb der Grabstätte legte er fest, dass neben seiner bereits verstorbenen ersten Frau Katharina »in dieser Gruft außer mir keine anderen Personen mehr beigesetzt werden dürfen«. Nach seiner Wiederverheiratung änderte er diese Bestimmung zugunsten seiner zweiten Frau Josefine und überschrieb ihr für die Zeit nach seinem Tod die »alleinige Verfügung« über die Grabstätte.[15] Nichts ahnend bereitete er damit die rechtliche Basis für das spätere Handeln der jungen Witwe. So überdauerte die Versorgungsehe zwischen dem Großhändler und

[14] Vgl. Denk/Ziesemer 2014, Kat. 83. Zu den verwendeten Denkmalgesteinen und der Diskussion ihrer Dauerhaftigkeit: Claudia Denk/John Ziesemer: Die Ästhetik der (Grab-)Steine. Gesteinsmoden und Gesteinspolychromie, in: Denk/Ziesemer 2014, S. 169–181.

[15] StadtAM, Bestattungsamt 556, *Vormerkung vom 1.7.1892*: »Es erscheint Herr Georg Lorenz, Großhändler, Brienner Straße 1/I u. bringt vor./Ich habe am 17. März d. Js. den Gruftplatz No 76 unter den neuen Arkaden des südlichen Friedhofes auf die Dauer von 100 Jahren erworben. In derselben liegt meine Gattin begraben. / Ich bestimme nun hiermit vorbehaltlich einer etwa späteren zu treffenden Änderung – daß in dieser Gruft außer mir keine anderen Personen mehr beigesetzt werden darf … / 1. Juli 1892 / Georg Lorenz.« – *Brief vom 22.7.1897 des Georg Lorenz an den Magistrat*: »München, den 22. Juli 1897, Verehrl. Magistrat,/München./Meine unter 1. Juli 1892 gegeben Protokollar=Erklärung bezüglich meiner Gruft Nr. 76 auf dem Südlichen Friedhof, möchte ich heute da hier ändern, daß nach meinem Tod meiner Frau Josephine Lorenz, geb. Rupprecht die alleinige Verfügung zu steht. Gütige Nachricht über den Vollzug bittend, hochachtungsvoll / Georg Lorenz, Promenadepl.«

Abb. 8: Grabmal Josef Pschorr, Alter Teil, 9-1-1,2,3,4

der jungen Josefine den Tod keineswegs. Josefine Lorenz schlug nicht den Weg der trauernden Witwe ein und übernahm die Totenfürsorge. Sie folgte im Gegenteil der damaligen Modewelle und ging auf teure, exklusive Reisen in den Süden und ins Reich des Glückspiels. Nur kurze Zeit war dem Großhändler folglich die eigentlich für »ewige« Zeiten erhoffte Totenruhe in teurer Gruft vergönnt.

Nizza, Genua und Monte Carlo – Die Reiselust der Witwe Josefine Lorenz und das verspielte Vermögen

Bereits zwei Jahre nach dem Ableben von Georg Lorenz sollte die junge und reiselustige Witwe Josefine dessen Grabstätte verkaufen. Über Archivalien und Presseberichte sind wir unterrichtet, dass sie offenbar in finanzielle Not geraten war. Sie hatte das ererbte Vermögen beim Glücksspiel in Monte Carlo durchgebracht und beabsichtigte, fern von München ein unabhängiges Leben zu führen. Wenige Monate nach dem Tod ihres Mannes erhielt sie nachweislich im Juli 1901 einen für Belgien, Italien und Russland gültigen Pass (Abb. 5). Der Eintrag im Familienbogen belegt für Oktober 1902 einen Aufenthalt in Italien. Beglaubigte Vollmachten aus Nizza für ihren Münchner Rechtsanwalt Dr. Emil Fränkel aus dem Jahr 1903 mit Hinweisen auf Monte Carlo sowie Depeschen zwischen Genua und München dokumentieren Reisen in den Süden Frankreichs und nach Italien.[16]

Das Leben der Josefine Lorenz blieb im Übrigen weiterhin unstet: Auch als sich der Skandal um den Verkauf der Gruft längst wieder gelegt hatte, blieb sie der bayerischen Hauptstadt fern. Am 21. November 1904 bekam sie für einen (in Italien) verlorenen Pass ein auf drei Jahre ausgestelltes Duplikat für In- und Ausland, inklusive Nord- und Südamerika. Am 3. Dezember 1906 befand sie sich in »England auf Reisen – näheres unbekannt«.[17] Ob sie noch einmal geheiratet hat und wo sie verstarb, wissen wir nicht.

Die Umschreibung der Gruft auf die Kämmerer- und Oberstwitwe Antonie von Cramon

Für die Finanzierung ihrer Reiselust, konkret wohl auch für das verspielte Vermögen in Monte Carlo, so die Berichte der Presse, bemühte sich die junge Witwe Lorenz von Nizza aus, die Gruft ihres Mannes zu verkaufen, da sie nie wieder nach Deutschland zurückkehren wolle. Sie gab vor, seinen Leichnam und denjenigen seiner ersten Frau nach Nizza holen zu wollen, um dort der Totenfürsorge besser nachkommen zu können.[18] In Wahrheit aber,

[16] StadtAM, Polizeilicher Meldebogen (Georg Lorenz). – Bestattungsamt 556: *Vollmacht für Herrn Rechtsanwalt Dr. Emil Fränkel vom 17. Juli 1903, betr. des Verkaufs der Gruft No. 76 des Südlichen Friedhofs*; die Unterschrift der Vollmacht von *Josefine Lorenz wurde* von E. Pineau, »notaire à Nice«, am 17. Juli 1903 bestätigt.

[17] StadtAM, Familienbogen (Georg Lorenz).

[18] StadtAM, Bestattungsamt 556: *Vormerkung ad acta vom 22.8.03:* Frau Oberst von Cramon und Herr Oberstleutnant Backert gewähren Einsicht in einen Brief der Witwe Josefine Lorenz aus Nizza vom 23. Mai d. J.: »Ersuche höflichst, mir mitzuteilen, ob es möglich wäre, die Gruft im südlichen Friedhofe, wo mein Mann, Herr Georg Lorenz, begraben liegt, zu verkaufen. Nachdem ich nie mehr nach München komme und Deutschland für immer verlassen habe, möchte ich meinen Mann und dessen 1. Frau anderweitig überführen lassen und die Gruft verkaufen.« – StadtAM, AV Bibl L 1/1903: *Münchner Gemeinde-Zeitung vom 1.9.1903* zur Sitzung der Gemeindebevollmächtigten vom 27.8.1903, S. 1318.

und dies sollte letztlich zur Skandalisierung des Vorfalls in der Presse führen, erwarb sie hierfür ein billiges, kurzlebiges Grab in München. Ihre Depesche vom 30. Juli 1903 aus Genua an ihren Münchner Rechtsanwalt lautet: »bitte anständigst einfaches Grab wählen / für 2 oder 3 Särge«.[19] Wenige Tage später, am 3. August 1903, wurde das tote Ehepaar auf den Ostfriedhof transferiert.

Schon kurz zuvor, am 23. Juli 1903, war die prestigeträchtige Arkadengrabstätte samt Grabmal auf Antonie von Cramon (Landau / Pfalz 1842–1923 München), Witwe des königlichen Kämmerers und Obersten sowie Haupts der königlichen Leibgarde Paul von Cramon (Groß-Welzin 1839 bis 6. November 1900 München), umgeschrieben worden (Abb. 9).[20] Das Ehepaar hatte in den frühen 1890er-Jahren gewissermaßen als Nachbarn von Georg Lorenz in der Brienner Straße gewohnt.[21] Kaum Witwe geworden, wollte auch Antonie von Cramon durch den Erwerb dieser Arkadengruft eine hervorgehobene Grabstättenlage auf dem Campo Santo erringen. Dafür gab sie ihr altes Grab auf dem (Alten) Nördlichen Friedhof auf und ließ 1907 nicht nur ihren toten Ehemann und ihre früh verstorbene Tochter Antonie (gest. 18. Oktober 1867), sondern auch ihre verstorbenen Eltern, Oberst Georg Pflaum und Gattin Julie, in die Arkaden des Campo Santo umbetten. Stadtbaurat Hans Grässel gab die Einwilligung, dass vor dem Abbild des Himmelstors der auf einer Wolke schwebende marmorne Engel, ein Relikt des alten Familiengrabs im Nördlichen Friedhof, aufgestellt werden durfte.[22] Noch heute steht er dort und fand auch in Ruederers Novelle seine Würdigung (S. 11).

[19] StadtAM, Bestattungsamt 556: *Vormerkung vom 24.8.1903*: »Der auf Einladung erschienen Rechtsanwalt Dr Fränkel teilt den Depeschenwechsel im Wortlaute mit: a. Depesche des Rechtsanwalts an [...] Lorenz: / München, den 29.7.03/Lorenz-Genua./drahtet/ob Auswahl des Grabes/und Preisbestimmung mir/überlassen / [...] / Antwort der [...] Lorenz an den Rechtsanwalt: / Genua 30. Juli 03 nachmittags 12 Uhr / bitte anständigst einfaches Grab wählen / für 2 oder 3 Särge.«

[20] StadtAM, Bestattungsamt 556, *Brief vom 21.7.1903 an den Magistrat von Ludwig Backert im Auftrag der Antonie von Cramon.*

[21] StadtAM, Polizeilicher Meldebogen (Paul und Antonie von Cramon).

[22] StadtAM, Bestattungsamt 556 (zu N-A-76), *Vormerkung vom 28.5.1907*, Bitte um Genehmigung für die Aufstellung des Engels vom nördlichen Friedhof (12-1-17,18,19) und Frver, Grabbücher (ca. 1843ff.) mit Eintrag zur Transferierung.

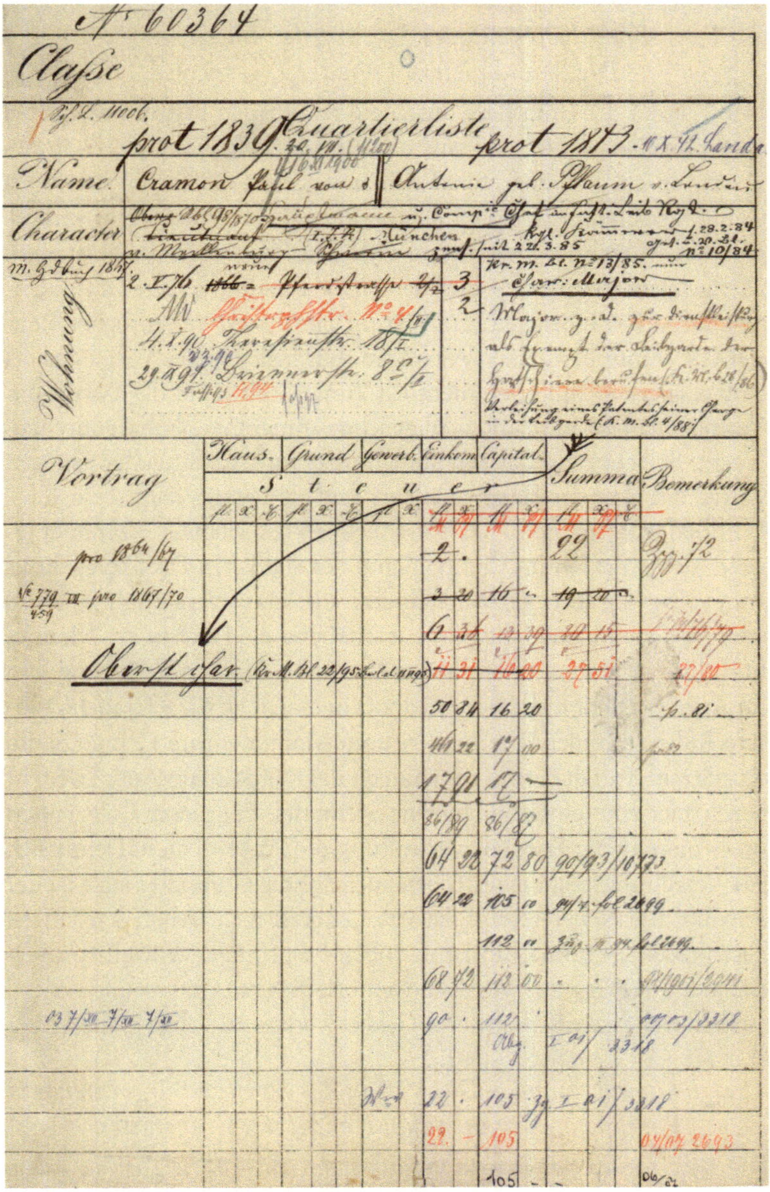

Abb. 9: Polizeilicher Meldebogen Paul und Antonie von Cramon

Pietätlosigkeit oder Störung der Totenruhe – Die Skandalisierung in der Tagespresse

Der Verkauf der Grabstätte durch die reiselustige Witwe und die bei Nacht und Nebel erfolgte Transferierung der Leichname des Ehepaars Lorenz in ein Reihengrab auf dem erst jüngst eröffneten und noch wenig beliebten Ostfriedhof blieben der Öffentlichkeit nicht verborgen. Die Münchner Tagespresse griff den Fall wegen des eklatanten Mangels an Pietät auf – und der Skandal nahm seinen Lauf: »Unglaubliche Pietätlosigkeit. Ein erst im Jahre 1901 verstorbener Rentier G. L. hinterließ seiner Witwe ein sehr bedeutendes Vermögen als Universalerbin. In außerordentlich kurzer Zeit hatte die Witwe das Vermögen in Monte Carlo u. in gleichgesinnter Gesellschaft durchgebracht; Selbstmordgedanken kamen nicht zur Ausführung, dagegen wurde der Rest der Habe versilbert und als Letztes kam sogar die – Familiengruft um 6000 M., einschließlich des schönen Monumentes unter den Arkaden im Campo Santo des südlichen Friedhofes, links vom Ausgang nach der Kapuzinerkirche, zum Verkaufe!! – Vor 8 oder 14 Tagen kamen die Särge, enthaltend die Leichen des Mannes und der ersten 1891 verstorbenen Gattin bei Nacht zur Hebung, um im Auer Friedhof (östlicher Friedhof) in einem 25 M. = Grab die weitere Ruhe zu finden. Die Inschrift am Monument im Campo Santo wurde entfernt; die Stelle des jetzigen Begräbnisses im Auer Friedhof bezeichnet eine einfache liegende Steintafel. Bei dieser Gelegenheit muss man an die Friedhofsverwaltung die Frage richten: Dehnt sich das Verfügungsrecht eines Erben auch auf die Grabstätte aus? Ist der Friedhof für Neuerwerbungen von Gräbern nicht schon seit Jahren geschlossen? – Immerhin ist der oben besprochene Vorfall für Testierende ein Wink zur Vorsicht, wenn sie sich die Grabesruhe sichern wollen, welche sie für schweres Geld erworben zu haben glaubten!«[23]

»Extra kommerzium« – Das Votum des Zweiten Bürgermeisters Philipp von Brunner zum Handel mit Grabstätten

Die Berichte in der Presse veranlassten am 22. August 1903 die Vorladung Antonie von Cramons in die Friedhofsverwaltung. Er-

[23] StadtAM, Bestattungsamt 556 (zu N-A-76), ausgeschnittene Pressenotiz ohne Angaben.

schrocken über die heftigen Reaktionen in der Tagespresse beteuerte die Witwe, dass sie von dem pietätlosen Verhalten der Vorbesitzerin nichts gewusst habe. Besonders der mögliche Tatbestand einer Störung der Totenruhe führte drei Tage später zu einer Diskussion in der Plenarsitzung des Magistrates. Die Prüfung ergab, dass verfahrenstechnisch alles nach den Bestimmungen abgewickelt worden sei. Es wurde jedoch beschlossen, dass in Zukunft solche Gruftverkäufe nur bei Einhaltung der Pietät zu erlauben sind. Nach dem Votum des Zweiten Bürgermeisters Dr. Philipp von Brunner könnten sie nur in ganz besonderen Ausnahmen genehmigt werden, denn: »Die Grabstätten sollen und dürfen nicht Gegenstände des Handels werden [...]. Die alten Römer schon haben die Friedhöfe als *extra kommerzium* zu deutsch außerhalb des Kaufes und Verkaufes stehend erklärt und unseren modernen Anschauungen entspricht das gewiß in noch viel höherem Maße.«[24]

Ruederers Sicht auf den Skandal in seinem »Grab des Herrn Schefbeck«

Als Sohn eines Bankiers sowie Aktionärs der Löwenbrauerei und Kommerzienrates konnte Ruederer den Fall gewissermaßen als Insider aufgreifen. Auch er reagierte mit seiner Novelle unmittelbar auf die Pressemitteilungen, wie er in einem Brief festhielt.[25] Vergleicht man die realen Gegebenheiten mit der Novelle, so wird schnell deutlich, wie eng er sich an den historischen Tatsachen orientierte, boten diese mit ihrer Mischung aus »sex, crime and death« doch einen überaus tauglichen Plot. Seinen Hauptprotagonisten, den Wurstfabrikanten und – wie sein Vater! – Kommerzienrat Michael Karl Borromäus Schefbeck, ließ er gleich dessen realem Vorbild in der Brienner Straße, einer der Münchner Prachtstraßen (S. 28), wohnen. Auch Schefbeck war es lange vor seinem Tod gelungen, in bester Lage der Totenstadt, unter den Neuen Arkaden, eine Gruft zu erwerben, um sich auf dem symbo-

[24] StadtAM, AV Bibl L 1/1903: *Münchner Gemeinde-Zeitung vom 28.8.1903* zur Plenarsitzung vom 25. August 1903, S. 1298/99.

[25] Brief vom 20. Dezember 1912 an Tim Klein; vgl. Müller-Stratmann 1994, S. 381.

lischen Handlungsfeld der Nekropole seines Aufstiegs und wirtschaftlichen Erfolgs zu vergewissern. Und ganz ähnlich verlor er wie Georg Lorenz Gruft und Totenruhe schon kurz nach seinem Ableben.

Josef Ruederer bietet in seiner Novelle jedoch weit mehr als eine zugespitzte Version der Ereignisse. Wie grundlegend sein Ansatz war, zeigt der Blick auf die heutige Memoriaforschung und ihre Auffassung vom Totengedenken als wichtigem Ritual der Selbstvergewisserung und Identitätsbildung für die Gemeinschaft wie den Einzelnen.[26] So diente auch Schefbeck das bereits zu Lebzeiten aufgestellte Monument mit seinem »camouflageartigen« Überzug an Würdesymbolen, um wenigstens auf dem Feld der Memoria nicht als Parvenü zu erscheinen. Ruederer beschreibt hier eine der Hauptfunktionen der damaligen Memorialkultur, denn solche aufwendigen Monumente dienten weniger den Verstorbenen als den Lebenden. Dies hatte der Adel gekonnt über Jahrhunderte durch seine familiengenealogisch geprägte Totenkultur vorgelebt.[27] Auch dem neuen Bürgertum sollten die opulenten Grabstätten gesellschaftlichen Halt geben und den nachfolgenden Generationen als Orientierung dienen. Diesem Bedürfnis standen aber die Dynamiken wirtschaftsbürgerlicher Lebenslinien oftmals entgegen. Die in schneller Folge aufsteigenden und fallenden Karrieren widersprachen der erhofften Dauerhaftigkeit im Gedenken. Anders als im Falle von Georg Lorenz machte Ruederer aber den Wurstfabrikanten Schefbeck selbst für den Verlust des gesamten Vermögens verantwortlich. Dieser hatte sich mit Grundstücken verspekuliert, sodass ihm am Ende seines Lebens nur mehr das

[26] Jan Assmann: Das kulturelle Gedächtnis. Schrift, Erinnerung und politische Identität in frühen Hochkulturen. München 1992, bes. S. 60ff. und Otto Gerhard Oexle (Hrsg.): Memoria als Kultur. Göttingen 1995 und ders./Andrea von Hülsen-Esch: Die Repräsentation der Gruppen. Texte, Bilder, Objekte. Göttingen 1998.

[27] Zur adeligen Memorialkultur vgl. Mark Hengerer: Macht und Memoria. Begräbniskultur europäischer Oberschichten in der frühen Neuzeit. Köln [u. a.] 2005; zu deren weiterer Vorbildfunktion: Denk 2014, S. 103f. sowie Marita Krauss: Das Ende der Privilegien? Adel und Herrschaft in Bayern im 19. Jahrhundert, in: Walter Demel/Ferdinand Kramer (Hrsg.): Adel und Adelskultur in Bayern (Zeitschrift für bayerische Landesgeschichte 32). München 2008, S. 377–394.

8000 Mark teure Grab als unbelastete Immobilie verblieb: »Ein Grundstück besaß er ja doch, auf dem keine Hypothek lag, das war eine unveräußerliche Immobilie, deren Wert gar nicht hoch genug eingeschätzt werden konnte: das Grab« (S. 23).

Das Who's who der neuen Arkaden – »Reichsgrafen, Prälaten und Minister«

Der hohe Wert des sepulkralen Grundstücks ergab sich ganz wesentlich aus ihrer prominenten Lage. »Oh, er [Herr Schefbeck]) ging lange und häufig spazieren an stillen Nachmittagen in den ganz verlassenen Säulenhallen. Seine Schritte widerhallten von den großen Platten an den Wänden, seine Augen eilten hinauf zu den steinernen Statuen, die starr und unbeweglich standen, wie eine recht fade, vornehme Gesellschaft« (S. 17). Deshalb »suchte er und suchte«. Schefbeck wollte keineswegs in den Arkadenflügel zu seinesgleichen, zu den Großindustriellen, den Seifensiedern und Bierbrauern, sondern dorthin, wo sich die alten Eliten versammelt hatten, eben zu jenen, die ihm im Leben den Zugang verwehrten. Deshalb erwarb er einen Platz unter den Neuen Arkaden, »wo auch Reichsgrafen, Prälaten, Minister ihre Namen blinken ließen« (S. 10). Ruederer dachte hierbei an den ganz unter dem Einfluss Ludwigs I. belegten nördlichen Arkadenflügel, wo in den ersten Jahren die königlichen Künstler (Friedrich von Gärtner und Ludwig von Schwanthaler) und Leibärzte (Franz von Walther und Heinrich von Breslau) sowie hohe Repräsentanten des Militärs (Hofmarschall Friedrich Graf von Saporta), des Staats (Staatsminister und Reichsrat Josef Ludwig Graf von Armansperg) und der Stadt (Bürgermeister Jakob von Bauer) ihre letzte Ruhe gefunden und anspruchsvolle Grabmäler erhalten hatten.[28]

In dieser »stolzen Ecke« (S. 27) war es mit Georg Brey von der Löwenbrauerei bereits 1855 einem potenten Wirtschaftsbürger gelungen, sich unauffällig mit einem monumentalen Engel zwischen diese Honoratioren einzureihen (Abb. 2 und 10). In dessen unmittelbarer Nachfolge fand Georg Lorenz beziehungsweise sein

[28] Vgl. zu Folgendem Denk 2007, bes. 48ff. und Denk 2014, S. 121ff.

Abb. 10: Historische Ansicht des Alten Südlichen Friedhofs mit Blick in den nördlichen Gang der Neuen Arkaden mit den Grabmälern von Armansperg, von Walther und Brey (von links)

fiktionales Alter Ego Schefbeck seine letzte Ruhestätte ebenfalls in illustrer Nachbarschaft. Dabei bedienten sich beide in geradezu schamloser Weise des sepulkralen Vokabulars der umgebenden Grabstätten: »Er [Herr Schefbeck] hatte die gutklingende Inschrift ein paar Felder weiter entdeckt auf dem Grab eines Bürgermeisters von München, der vor hundert oder noch mehr sagenhaften Jahren sein Leben für die Entwicklung der Stadt verbraucht haben sollte. Und weil sie ihm gefiel, übernahm er sie ohne Gewissensbisse. Auch der Engel war eine getreue Nachbildung, richtiger noch eine Vergrößerung. Er stammte von der Gruft eines jener hoch verdienten Männer, die Bayern achtzehnhundertsechzig zum Krieg geraten hatten. So blieb eigentlich nur noch der Weihwasserkessel mit den Schalen. Doch auch die waren fremden Ideen entlehnt. Die Schalen dem ersten Direktor der Staatsbank, während der Weihwasserkessel vom Grabe eines großen katholischen Gelehrten stammte« (S. 11).

Ruederer, der auf dem Alten Südlichen Friedhof ortskundig war, ruhen dort doch auch seine Eltern in einem Familiengrab mit einst recht aufwendigem Monument,[29] verband seine literarische Verortung der Grabstätte erstaunlich konkret mit realen, teils heute noch existierenden Gräbern einflussreicher Mitglieder von Münchens Gesellschaft. Dabei dürften seine damaligen Leser die Anspielungen schnell entschlüsselt haben. Bei dem ein »paar Felder weiter« gelegenen, von Ruederer weit in die Vergangenheit entrückten Bürgermeistergrab handelt es sich um das opulente städtische Ehrengrabmal des Ersten Bürgermeisters Johannes Ritter von Widenmayer (1838–1893) (Abb. 11). Das Bankiersgrab lässt an das des Ersten Direktors der Hypotheken- und Wechselbank Theodor Ritter von Pühn (1829–1900) denken. Der Außenminister, der Bayern 1866 in den Krieg führte, war Dr. Ludwig Freiherr von der Pfordten (1811–1880), dessen Grabmal sich (heute ohne Aufsatz) unweit des monumentalen Kreuzes im Campo Santo befindet. Die Erwähnung eines katholischen Gelehrten dürfte sich auf den bedeutenden Theologen Ignaz von Döllinger (1799–1890) beziehen, der im Alten Teil des Friedhofs an der linken Mauerseite bestattet wurde.[30]

Die Etikette des »Todes« – Eine »gute Leich« und eine Grabstätte, »berühmt ob ihrer Schönheit«

Ruederers Novelle handelt von den beiden wichtigsten Elementen neureichen Lebensgefühls, von der neuen wirtschaftlichen Macht und dem damit einhergehenden Wunsch nach angemessener Darstellung. So geht es in der Novelle zunächst einmal viel

[29] Alter Teil, 5-17-13,14,15 (nur fragmentarisch erhalten).
[30] Zur Aufschlüsselung vgl. die Erläuterungen ab S. 35, bes. 41ff.

Abb. 11: Ehrengrabmal Johannes Ritter von Widenmayer, Campo Santo, Neue Arkaden Nr. 88

um Etikette, Schicklichkeit sowie gesellschaftliche Konventionen und nicht zuletzt um ein angemessenes Dekorum der Trauerfeierlichkeiten. Zur »Etikette« des Todes gehörte im 19. Jahrhundert eine dem gesellschaftlichen Status entsprechende Bestattung. Parallel zur Hierarchisierung der Bestattungsplätze auf dem Friedhof waren auch die Begräbnisklassen standesgemäß nach Kosten und Aufwand systematisiert worden. Neben den Rednern war der wichtigste Bestandteil der Bestattungszeremonie ein umfangreicher Leichenkondukt. Eine »gute Leich« (S. 11f.), das heißt ein schönes Begräbnis, wie dies etwa das Leichenbegängnis von Wilhelm von Kaulbach im Jahr 1874 zeigt, wurde im bürgerlichen Zeitalter zu einem gesellschaftlichen Großereignis (Abb. 12).

Die Begräbnisklasse signalisierte seismografisch und für jeden sofort nachvollziehbar, welche Position der Verstorbene im Leben eingenommen hatte. Ein Dritte-Klasse-Begräbnis wurde gerade noch als schicklich erachtet,[31] eine zu geringe Trauergemeinde führte schnell zu Schamgefühlen. Nach der Charakterisierung Ruederers verlief Schefbecks Bestattung, wie nicht anders zu erwarten, außerhalb des Klassements: Zum üblichen Personal eines Kondukts erster Klasse kam noch ein umfänglicher Chor von 40 Mann hinzu, die Chopins eindrucksvollen Trauermarsch intonierten. Überdies wurde Schefbeck als Kommerzienrat, ein bürgerlicher »Adelstitel« für Verdienste im Bereich des Gemeinwohls, noch die Rede des Bürgermeisters zuteil.

Gerade hinter einem solchen Begräbnis der Extraklasse, das im opulenten Grabmal eine dauerhafte Inszenierung erfuhr, ließen sich die noch vorhandenen gesellschaftlichen Unsicherheiten bestens verbergen. Ruederers Vergleich zwischen dem »sepulkralen« Auftritt auf dem Campo Santo und dem »theatralen« im Schauspielhaus ist diesbezüglich aufschlussreich. Im Theater sortier(t) en die Ränge die Gesellschaft ebenfalls fein säuberlich nach Wohlstand, Macht und Ansehen. Ruederers Fazit sieht aber dennoch deutliche Unterschiede, würde doch der Friedhof als Inszenierungsort für die neuen Bürgerlichen weitaus besser funktionieren: Schefbeck saß im dritten Rang [des Theaters], der begehrte Platz,

[31] Vgl. Rädlinger 1996. S. 146ff.

Abb. 12: Das Leichenbegängnis Wilhelm von Kaulbachs, Druck nach Wilhelm von Breitschwert, 1874

wo auch seine angehimmelte Olly saß, war »auf der sogenannten Galerie noble, dem Platze der ganz Gewappelten, der höchst Raffinierten, der Firneusels, der Klemperers und der Börneraus. Auf jenem Platze, den ein gewöhnlicher Sterblicher niemals erreichen konnte. Allerdings, man brauchte ihn ja nur an der Kasse zu kaufen. Er war feil wie ein Grab im Camposanto. Acht Mark so ein Fauteuil, zehntausend so eine Gruft. Fragte sich nur, ob man hineinpaßte. In die Galerie noble ging es schlecht; man saß da auf dem Präsentierteller. Schlürfte man eine Tasse Eis und goß die rote Sauce über das gestärkte Brusthemd, dann fiel das auf [...]. Da konnte man auf dem Camposanto draußen schon besser aufdrehen, in Bronze und Marmor, ohne daß man gesehen wurde.« (S. 17).

Ruederer nennt hier im Grunde genommen die Ursache für die Opulenz der Grabmalkunst in der Gründerzeit. Der unmittelbare gesellschaftliche Kontakt, der immer die Gefahr des Sichdanebenbenehmens in sich barg, konnte auf dem Friedhof vermieden werden. Die in Dimension und Gestaltung ambitionierte Grabstätte (»berühmt ob ihrer Schönheit«, S. 11) diente als brauchbares Versteck für den stolzen Bauherrn, zugleich als Eintrittskarte in die erste Reihe der Gesellschaft. Verhindern konnte man aber letztlich auch auf dem Friedhof nicht harsche Kritik an verfehltem Auftreten. So legt Ruederer Olly wenig wohlmeinende Worte zum »überladenen, häßlichen Grab, mitten in der ersten Gesellschaft« in den Mund (S. 25). Solche sepulkralen Verirrungen sollten schließlich zu der großen Friedhofsreformbewegung und ihren Bemühungen um schlichtere Grabmäler führen, wozu Ruederers Novelle letztlich einen bislang nicht beachteten Beitrag leistete.[32]

Die verweigerte Totenfürsorge und der »soziale Tod« im Armengrab auf dem Ostfriedhof

Ruederers Novelle entwickelt sich ganz eng entlang der historischen Fakten und stellt somit für die Analyse großbürgerlicher Bestattungspraxis eine überaus aussagekräftige Quelle dar. Sie zeigt anschaulich, dass die diffizilen Mechanismen erfolgreicher Memoria nur gelingen konnten, wenn die (Über-)Lebenden für die Totenfürsorge verbindlich Verantwortung übernahmen. Wurde eine solche nicht eingegangen, führte dies schnell zu gesellschaftlicher Entrüstung und öffentlicher Skandalisierung, wie sie schließlich auch Schefbecks Witwe Olly drohte, als sie die Grabstätte weiterverkaufen wollte und vor dem drohenden »Gelächter der Stadt, de[n] gellenden Entrüstungsschrei[en] von jung und alt, von hoch und nieder« nach Monte Carlo zu flüchten beabsichtigte (S. 31).

Ruederers analytische Beobachtungsgabe fokussiert dabei auf einen der größten Schwachpunkte neureichen Totengedenkens. Sowohl der Großhändler Lorenz als auch der Wurstfabrikant Schefbeck hatten zugunsten einer effektiven Statusbekräftigung als Witwer jüngere Frauen geehelicht. Der Tauschhandel von Jugend und Schönheit gegen Wohlstand und Status prägte im 19. Jahrhundert, als die Standesgrenzen auch für die Eheanbahnung durchlässig geworden waren, zunehmend die Ehepraxis,

[32] Zur Friedhofsreform Fischer 1996, S. 76ff. und zuvor Barbara Leisner/Heiko K.L. Schulze/Ellen Thormann: Der Hamburger Hauptfriedhof Ohlsdorf. Geschichte und Grabmäler. 2 Bände Hamburg 1990, Band 1, S. 70f.

obwohl solche Beziehungen weiterhin als Mesalliancen galten.[33] Was zu Lebzeiten als erfolgreiche Statusbestärkung funktionierte, verkehrte sich im Tod zu einem großen Nachteil. Angesichts des Todes versagte die weniger auf Liebe als auf wirtschaftlichem und sozialem Kalkül basierende eheliche Bindung einer »Mesalliance« (S. 21) völlig. Als Schefbecks Bankrott offenbar wurde und der versprochene Wohlstand ausblieb, verweigerte die junge Witwe Olly, die Ruederer aus dem Bildungsbürgertum entstammen lässt, die entsprechende Fürsorge im Tod.

In der Folge ereilte Schefbeck post mortem gleich dem Großhändler Lorenz der gefürchtete soziale Tod im Armengrab. Ruederer hatte anhand Schefbecks erster Frau ausführlich dargelegt, was eine solche Grabstätte auf dem Ostfriedhof in gesellschaftlicher Hinsicht bedeuten konnte. Seine erste, kinderlos gebliebene Gattin Annerl war »ins Wasser gegangen«, nachdem sie von dem Ehebruch und unehelichen Kind ihres Gatten erfahren hatte. Dem Ehebrecher wurde dann aber weniger die Tatsache übelgenommen, dass er »das Annerl« in den Selbstmord getrieben hatte, als vielmehr die Verweigerung der »Etikette« bei ihrer Beerdigung, die ohne Leichenkondukt, ohne Reden und ohne entsprechende Grabstätte vonstattenging: »Der Tod wäre ihm vielleicht noch verziehen worden. Aber er ließ die arme Frau in aller Stille niederträchtig bestatten […] in den gelben, nüchternen Sandreihen der Armenabteilung Serie sieben, Grab Nummer zweihundertundzwanzig. Und das verzieh man ihm nicht« (S. 16). Und eben dorthin auf den Ostfriedhof sollte schließlich auch Herr Schefbeck umziehen müssen (S. 33).

Wessen Campo Santo?

Das Grab wurde bei Ruederer zum Symbol von Gewinn und Verlust einer typischen wirtschaftsbürgerlichen Karriere. Zugleich wurde es zum Symbol dafür, dass der Kampf zwischen den neuen

[33] Dieser Tauschhandel prägte auch lange Zeit die »Mätressenliebe«: Claudia Denk: Illegitime Liebe, in: Kirsten Dickhaut (Hrsg.): Liebessemantik. Frühneuzeitliche Repräsentationen von Liebe in Italien und Frankreich (Culturae 5). Wiesbaden 2014, S. 363–404.

und alten Eliten auf dem Feld der Memoria noch keineswegs endgültig entschieden worden war. Dieses schwankende, letztgültig noch nicht entschiedene Kräfteverhältnis protokollierte Ruederer wiederum ganz eng am historischen Geschehen. Als beim realen Vorbild und fiktionalen Nachbild der Bankrott ruchbar wurde, sollten sich schnell Grabkäufer aus der Sphäre der etablierten Eliten der bayerischen Residenzstadt finden: Antonie von Cramon, die Witwe des Befehlshabers der königlichen Leibwache Paul von Cramon aus Mecklenburg-Schwerin, fand ihr literarisches Gegenstück in der Freifrau von Börnerau, Gattin des Generalleutnants und Divisionskommandeurs Freiherr Karl von Börnerau (S. 10), der wohl mit Generalleutnant Franz Freiherr von

Abb. 13: Historische Aufnahme vom Grabmal des Generals von Leistner vor den Alten Arkaden

Leistner, erstem Adjutanten Prinz Carls von Bayern, zu identifizieren ist (Abb. 13).[34]

Ruederer lässt Frau von Börnerau, deren Familiengruft »im offenen Viereck unter freiem Himmel« lag, ohne Schamgefühle sofort nach Bekanntwerden von Schefbecks Bankrott mit ihrer »Institutsfreundin« Olly um die viel prestigeträchtigere Arkadengruft feilschen (S. 25).

Nachklang – Feuchtwangers »Erfolg« und das Grab des Franz Xaver Ratzenberger

Welche Nachwirkung der reale Skandal und Ruederers Novelle fanden, bezeugt noch Lion Feuchtwanger, der die Geschichte in seinem Jahrhundertroman »Erfolg« bis in die Zeit des beginnenden Nationalsozialismus fortschrieb. Auch Feuchtwanger setzte die Sepulkralkunst als Prestigeobjekt großbürgerlicher Finanzmacht und geldwerte Immobilie in ähnliche wirtschaftsbürgerliche Koordinaten. Bei dem wohl berühmtesten Meineider der bayerischen Literaturgeschichte, dem Chauffeur Franz Xaver Ratzenberger, aufgrund dessen Falschaussage der Museumsdirektor Martin Krüger ins Gefängnis kam, spielt die gründerzeitliche Sepulkralikonographie eines monumentalen Engels ebenfalls eine Rolle. Nun geht es aber nicht mehr um einen zunächst erfolgreichen Aufsteiger, der schließlich als Bankrotteur endet. Feuchtwanger zeigt in der Perspektive von unten, welche Wirkmacht und Fantasien von Reichtum so ein Monument großbürgerlichen Lebensgefühls auslösen konnte.

»In der Seele des Chauffeurs Ratzenberger beispielsweise hatte sich die Idee jüdischer Finanzherrlichkeit grimmig zwickend festgebissen, als er einmal in einer illustrierten Zeitung die Abbildung des Grabdenkmals eines gewissen Rothschild gesehen hatte, eines bekannten jüdischen Finanzmannes. Das sehr fürstliche Grabmonument hatte ihm von dem luxuriösen, rauschenden Leben dieser Leute eine neiderfüllte Vision erweckt.

Denn mit Grabmälern hatte sich Ratzenberger aus bestimmten

[34] Vgl. Erläuterungen, S. 40.

persönlichen Gründen intensiv befaßt. Seine älteste Schwester nämlich, die als altes Mädchen gestorben war, hatte den größten Teil ihrer Erbschaft zur Errichtung eines stattlichen kupfernen Engels für ihr Grab bestimmt.«[35]

Feuchtwanger lässt am Grabmal der Bankiersfamilie Rothschild den in ärmlichen Verhältnissen lebenden Kleinbürger Ratzenberger in einen ausgesprochenen Sozialneid mit antisemitischen Zügen verfallen. Zugleich gewährt der Autor Einblicke in das, was geschieht, wenn großbürgerliche Opulenz in kleinbürgerliche Hände gerät. Der in der Zeit der großen Friedhofsreform mit ihrem Ruf nach schlichten Grabmälern bereits aus der Mode geratene Bronzeengel überlebte zwar den Ersten Weltkrieg, kaum aber den Geldbedarf der Erben der Verstorbenen:

»Der verzweigten Familie Ratzenberger war es später nicht gut gegangen. […] Zwist war entstanden unter der Familie der Ratzenberger; man belauerte sich gegenseitig wegen des kupfernen Engels, dessen Erlös allen geholfen hätte. […] Von Rechts wegen hätte er, als der Staat Not an Kupfer litt, Kanone werden sollen; aber sei es durch Zufall, sei es, wie die Geschwister annahmen, durch gewisse Beziehungen Franz Xavers zur Polizei, der Engel war der großen Metallablieferung entgangen. Die Besitzrechte an ihm waren fragwürdig. Nicht fragwürdig war, daß jemand, man hatte den jungen Ludwig, den Sohn des Franz Xaver in Verdacht, den Versuch unternommen hatte, das Grabdenkmal fortzuschaffen, doch war er an der Schwere des Engels gescheitert. Lange hatte sich die Familie gegenseitig belauert, es war eine Art ständiger Wachdienst auf dem Friedhof gewesen. […] Infolge dieser Streitigkeiten, […] interessierte sich Franz Xaver Ratzenberger lebhaft für Totendenkmäler, und das Mausoleum für jenen Rothschild hatte sich als ungeheures Symbol beneideter Machtfülle in seiner Seele festgesetzt.«[36]

[35] Lion Feuchtwanger: Erfolg. Drei Jahre Geschichte einer Provinz. Berlin 2011, S. 219ff. (1. Ausgabe 1930 Gustav Kiepenheuer Verlag); vgl. allg. Michael Stephan: Feuchtwanger, Lion: Erfolg. Drei Jahre Geschichte einer Provinz, 1930, in: Historisches Lexikon Bayerns, www.historisches-lexikon-bayerns.de/artikel/artikel_44374 [zuletzt geöffnet am 16. Juli 2014]

[36] Ebenda S. 219/220.

Auch Feuchtwanger reflektiert anhand Schefbecks Nachfolger Ratzenberger über die machtvolle Wirkkraft von Grabmälern und ihre Indienstnahme für wirtschaftliche und politische Interessen. Im Fortgang seines Romans entwickelt er schließlich aus der gründerzeitlichen Sepulkralikonografie eine deutlich nationalsozialistische Symbolsprache. Nachdem Ratzenberger im Wirtshaus unter einem Maßkrug gestorben war, beschreibt Feuchtwanger dessen aufwendige und politisch instrumentalisierte Beerdigung. Die Totenfürsorge für den »Meineider« führt seitens der »Wahrhaft Deutschen«, gemeint ist die NSDAP, zu einer groß aufgemachten Veranstaltung: »Auch ein Grabmal gaben die Wahrhaft Deutschen in Auftrag, wie es sich der Verblichene imposanter nicht hätte wünschen können. Das Relief stellte auf einem rollenden Rad, Anspielung auf seinen Beruf, einen Mann dar, der eine Schwurhand ausgestreckt gegen den Himmel hielt, Anspielung auf seine mannhafte Tat.«[37] Die Schwurhand des Meineiders auf dem Grabmal rückt in die Nähe des massentauglichen Hitlergrußes. In Feuchtwangers fiktionalem Grabmal ist die einst vordergründig christliche Verankerung im Engelsmotiv zugunsten einer völkischen Ikonografie aufgegeben. Die Grabmalikonografie, die den Meineid des Verstorbenen euphemistisch umdeutet, steht im Dienst eines neuen, falschen Märtyrertums.

Ruederers Satire mit ihrem politischen Nachklang in Feuchtwangers »Erfolg« bezeugt, wie viel und mit welchem Kalkül einst von bürgerlicher Seite in Grabmäler investiert worden war. Aus heutiger Perspektive lässt sich vieles nicht mehr unmittelbar erschließen, verstellt doch die Grabmalreform des beginnenden 20. Jahrhunderts unseren Blick auf diese (spannungs)reiche Epoche bürgerlichen Totenkults. Je wechselvoller die Karrieren der neuen Bürgerlichen waren, desto größer scheint, so ein Fazit aus Ruederers Novelle, ihr Bedürfnis nach stabiler Memoria gewesen zu sein. Dabei gelang die Umsetzung dieses Wunsches freilich nicht immer, wie die Geschichte um das Grabmal von Georg Lorenz und die Novelle zeigen. Lorenz hatte durch die fehlende Totenfürsorge seiner zweiten Frau nicht nur eine der repräsen-

[37] Ebenda S. 224.

tativsten Grabstätten Münchens verloren, sondern auch das erhoffte ewige Gedenken. Erst Ruederer sollte dem auf dem Gebiet des Totengedenkens glücklosen Großhändler in seiner Novelle Unsterblichkeit verleihen und dem Alten Südlichen Friedhof zugleich ein literarisches Monument setzen.

Literaturangaben

ADB
Allgemeine Deutsche Biographie, hrsg. v. der Historischen Commisson bei der Königlichen Akademie der Wissenschaften (München). 56 Bände Leipzig 1875–1912

AKL
Allgemeines Künstler-Lexikon. Die Bildenden Künstler aller Zeiten und Völker. München / Leipzig 1999ff.

Bosls bayerische Biographie
Bosls bayerische Biographie, hrsg. v. Karl Bosl. 2 Bände Regensburg 1983 / 1988

Große Bayerische Biographische Enzyklopädie
Große Bayerische Biographische Enzyklopädie, hrsg. v. Hans-Michael Körner. 4 Bände München 2005

Bauer 1992
Bauer, Richard (Hrsg.): Geschichte der Stadt München. München 1992

Denk 2007
Denk, Claudia: Der »Campo Santo« Ludwigs I. in München: vom königlichen Gedächtnisprojekt zum Ort wirtschaftsbürgerliche Repräsentation, in: Denk / Ziesemer 2007, S. 46–59

Denk 2014
Denk, Claudia: Kunst und Memoria. Die Kunststadt München und ihr Zentralfriedhof, in: Denk / Ziesemer 2014, S. 79–129

Denk / Ziesemer 2007
Denk, Claudia / Ziesemer, John (Hrsg.): Der bürgerliche Tod – Städtische Bestattungskultur von der Aufklärung bis zum frühen 20. Jahrhundert / Urban Burial Culture from the Enlightenment to the Early 20th Century (ICOMOS Hefte des Deutschen Nationalkomitees XLIV). Regensburg 2007

Denk / Ziesemer 2014
Denk, Claudia / Ziesemer, John: Kunst und Memoria. Der Alte Südliche Friedhof (Forschungsprojekt am Bayerischen Nationalmuseum in Verbindung mit dem Stadtarchiv München). München / Berlin 2014

Fischer 1996
Fischer, Norbert: Vom Gottesacker zum Krematorium. Eine Sozialgeschichte der Friedhöfe in Deutschland seit dem 18. Jahrhundert. Köln [u. a.] 1996

Hufnagel 1983
Hufnagel, Max Joseph: Berühmte Tote im Südlichen Friedhof zu München. 4. Auflage München 1983

Krauss 1997
Krauss, Marita: Herrschaftspraxis in Bayern und Preußen im 19. Jahrhundert. Frankfurt am Main / New York 1997

Krauss 2012
Krauss, Sylvia: »Die Wissenschaften haben in Bayern eine Stätte ersprießlicher und befruchtender Wirksamkeit«, in: Leutheusser/Rumschöttel 2012, S. 123–140

Krieg 1990
Krieg, Nina: »Schon Ordnung ist Schönheit«. Hans Grässels Münchner Friedhofsarchitektur (1894–1929), ein deutsches Modell? Diss. München 1990

Leutheusser / Rumschöttel 2012
Leutheusser, Ulrike / Rumschöttel, Hermann (Hrsg.): Prinzregent Luitpold von Bayern. Ein Wittelsbacher zwischen Tradition und Moderne. München 2012

Müller-Stratmann 1994
Müller-Stratmann, Claudia: Josef Ruederer (1861–1915). Leben und Werk eines Münchner Dichters der Jahrhundertwende. Frankfurt am Main [u. a.] 1994

NDB
Neue Deutsche Biographie, hrsg. v. der Historischen Kommission bei der Akademie der Wissenschaften (München). Berlin 1953ff.

Puknus 2004
Heinz Puknus: Josef Ruederer (15.10.1861 bis 20.10.1915). Literarischer Neuerer, in: Alfons Schweiggert, Hans S. Macher (Hrsg.): Autoren und Autorinnen in Bayern. 20. Jahrhundert. Dachau 2004, S. 31–33

Ruederer Werkausgabe 1987
Josef Ruederer: Werkausgabe in fünf Bänden, hrsg. v. Hans-Reinhard Müller. Textredaktion, Anmerkungen und Zeittafel: Marlies Korfsmeyer. München 1987 (Band 4: München. Bierheim und Isar-Athen. Satiren und Erzählungen)

Ruderer 2012
Josef Ruederer: München, hrsg. und mit einem Nachwort versehen von Walter Hettche und Waldemar From (edition monacenisa). München 2012

Stephan 2012
Stephan, Michael: München wird Metropole. Die Entwicklung der Residenzstadt zur Großstadt, in: Leutheusser / Rumschöttel 2012, S. 93–106

Zerback 1997
Zerback, Ralf: München und sein Stadtbürgertum. Eine Residenzstadt als Bürgergemeinde. 1780–1870. München 1997

Ziesemer 2014
Ziesemer, John: Zur Planungs- und Baugeschichte im 19. Jahrhundert, in: Denk / Ziesemer 2014, S. 58–75

Verzeichnis der Archivalien (mit Abkürzungen):

Frver
Städtische Friedhöfe München, Betrieb, Registratur (Grabbücher, ca. 1843ff.)

StadtAM
Stadtarchiv München (Bestattungsamt 556, Akt zur Grabstätte; Polizeiliche Meldebögen von Georg Lorenz und Antonie von Cramon; AV Bibl L 1/1903: Münchner Gemeinde-Zeitung, München 1903, Nr. 68–70 [August / September])

MStm
Münchner Stadtmuseum

Josef Ruederer, Fotografie o. J.

Michael Stephan

Josef Ruederer (1861–1915)
Eine biografische Skizze

Ein ausgesprochener München-Autor

Josef Ruederer wurde am 15. Oktober 1861 in München im elterlichen Haus am Rindermarkt geboren, in München starb er am 20. Oktober 1915 – in seiner Villa in Bogenhausen. In München hatte er zeitlebens seinen Lebensmittelpunkt, hier fand er, zunächst vom Vater für den Kaufmannsberuf bestimmt, dann als freier Schriftsteller vor dem vertrauten Hintergrund der Stadt, den Stoff für die wichtigsten seiner Werke.

München ist Schauplatz in seinen Meistererzählungen »Das Gansjung« (diese »Münchener Marktgeschichte« – so der Untertitel – erschien erstmals 1896) oder »Das Grab des Herrn Schefbeck« (erschien zuerst 1909 und etwas erweitert 1912 mit dem Untertitel »Eine Münchner Geschichte«).

Im historischen München ist sein zweites Schauspiel »Die Morgenröte. Eine Komödie aus dem Jahre 1848« angesiedelt, in dem Ruederer das Verhältnis von König Ludwig I. zur Tänzerin Lola Montez und die Münchner Unruhen in dem Revolutionsjahr thematisiert hat; das Stück war bereits 1904 vollendet, durfte aber aus Rücksicht auf Prinzregent Luitpold, den Sohn des bayerischen Königs Ludwig I., erst nach dessen Tod 1912 in einer zweiten Fassung auf die Bühne gebracht werden.

Glanzstück in Ruederers Schaffen wurde seine satirisch-polemische Stadtmonografie »München« aus dem Jahr 1907, die bei Erscheinen große Beachtung gefunden hat. Sogar Stefan Zweig in Wien beglückwünschte Ruederer zu dem Buch, »an dem ich mich seit paar Tagen ergötze und erfreue.«[1] Das Buch ist eine krude Mischung aus »sonderbarer Liebeserklärung« (so Josef Hofmiller in einer Rezension) und »Kapuzinerpredigt« (so Ruederer selbst im »München«-Buch).[2] Hier stehen ehrliche, ja liebevolle Bewunderung (zum Beispiel für Papa Schmidts Münchner Marionettentheater und die dort gespielten Stücke des Kasperlgrafen Franz von Pocci) und gnadenlose, ätzende Kritik (zum Beispiel an der Münchner Gesellschaft, der Presselandschaft oder der städtebaulichen Entwicklung) direkt beieinander. Sein Schriftstellerkollege Max Halbe[3], mit dem er zuerst dick befreundet, dann heillos zerstritten war, urteilte in seinen lesenswerten Erinnerungen viele Jahre später: »Die ätzende Lauge seines Hohns ergoss sich besonders auch über seine teure Vaterstadt München, über dieses ›Monachum monachorum‹ und dessen mannigfache Eigenheiten und Wunderlichkeiten. Es war eine schier unerschöpfliche Fundgrube für seine gallige, beißende Satire, der er ja auch in seiner viel beachteten Schrift über München literarischen Ausdruck gegeben hat. Sie liest sich wie eine einzige Anklage gegen die trotz allem wunderschöne Stadt, und man sollte meinen, der Verfasser müsse München von Grund seines Herzens gehasst haben. Aber nichts wäre falscher. Auch hier traf das Wort zu, dass gekränkte Liebe sein ganzer Schmerz oder Spott war. Ruederer war von einem unbändigen Ehrgeiz erfüllt, der sich durch die ihm in München eingeräumten Wirkungsmöglichkeiten nicht befriedigt fühlte, seiner ganzen Natur nach wohl überhaupt dazu verurteilt war, unbefriedigt zu bleiben.«[4] Dabei ist sein Stadtbuch auch ein Stück

[1] Monacensia, Nachlass Ruederer, JR B 560: undatierte, in Wien ausgestellte Postkarte.

[2] Walther Hettche und Waldemar Fromm, »Lachen über die großen und kleinen Münchner Tyrannen.« Anmerkungen zu Josef Ruederers München-Buch, Nachwort zur Neuausgabe von: Josef Ruederer, München, München 1912, S. 166–180. – Hier auch Abdruck der Rezension von Josef Hofmiller, in: Süddeutsche Monatshefte 4 (1907), S. 401–406.

[3] Vgl. Michael Stephan, Max Halbe (4. Oktober 1865 bis 30. November 1944). Dramatiker des Naturalismus, in: Alfons Schweiggert und Hannes S. Macher (Hrsg.), Autoren und Autorinnen in Bayern. 20. Jahrhundert, Dachau 2004, S. 37–39.

[4] Max Halbe, Jahrhundertwende. Geschichte meines Lebens 1893–1914, Danzig 1935, 2. Auflage 1942, S. 154.

Künstlerbiografie, in der Ruederer erstaunlich ehrlich seine eigene Schriftstellerexistenz beschrieben hat. Beim Besuch der Auer Dult hat der Autor die Vision, dass dort beim Trödler auch einmal sein München-Buch enden wird, das der Antiquar dann mit folgenden, fast nekrologhaften Worten an den Mann bringen wird: »[…] es sei gut, wirklich gut, zum Lachen. Auch sei der Verfasser ein Münchner gewesen. Habe es allerdings nie zu was Rechtem gebracht. Wollte immer gescheiter sein als die Andern, spottete fortwährend über alles. Was Wunder, wenn's der Menschheit zu dumm wurde? Sie wusste nicht, wo sie ihn einreihen sollte, wohin er gehörte.«

Diese Verbindung von Autobiografie und Geschichte der Vaterstadt weist bereits auf Ruederers letztes großes Werk, die unvollendet gebliebene Romantetralogie. Ruederer konnte nur noch den ersten Band im Mai 1915 fertigstellen, der 1916 posthum mit dem Titel »Das Erwachen – ein Münchner Roman bis zum Jahre 1848« erschien. Hier verknüpfte Ruederer geschickt – und mit milderer Satire als im »München«-Buch geschrieben – den kometenhaften Aufstieg der Familie Ruederer und damit auch der eigenen Geschichte (im Roman der »Luegecker Peppi«) mit der kulturhistorischen Entwicklung Münchens.

Herkunft – Familie – Vater

Josef Ruederer stammte aus einer spät, aber dann schnell zu Reichtum gekommenen Familie. Sein Großvater Johann Nepomuk Andreas Ruederer (1811–1880), ein Ökonom und Gastwirt aus dem Dachauer Hinterland, war erst in den vierziger Jahren nach München gezogen und übernahm 1843 das »Gasthaus zur Schießstätte«. Da genau dort 1847 der neue Münchner Bahnhof entstand (an die alte Schießstätte erinnert heute noch die dorthin führende Schützenstraße), kam der alte Ruederer zu einer hohen Abfindungssumme. Diese erfolgreiche Grundstücksspekulation schildert Josef Ruederer genüsslich in seinem Roman »Erwachen«. Sie wurde zur Grundlage für den schnell wachsenden Wohlstand der Familie. In den Jahren 1850 bis 1852 führte der

Großvater noch als »Cafétier« das Englische Kaffeehaus am Maximiliansplatz, doch schon 1856 ist er im Münchner Adressbuch als Privatier verzeichnet. Von seinen vier Kindern baute nur der noch in Odelzhausen geborene Sohn Franz Josef Ruederer (1834–1907) den Erfolg des Vaters aus und festigte seine Stellung im Münchner Großbürgertum. Dazu gehörte 1860 eine geschickte Heirat mit der ebenfalls neureichen Bierbrauerstochter (»Wagnerbräu«) Anna Theresia Köck (1841–1906). Das junge Paar bezog ein Haus am Rindermarkt 9, ein Hochzeitsgeschenk des Vaters. Franz Josef Ruederer führte dort ein Spezereiwarengeschäft mit Wechselstube. In dem Polizeimeldebogen,[5] der auch Zeugnis ablegt über seine vielen Immobiliengeschäfte in der Stadt, ist er deshalb auch als »Banquier« geführt; später wurde er noch Handelsrichter, Kommerzienrat in Coburg und portugiesischer Generalkonsul; er beteiligte sich an der Umstellung der Löwenbrauerei zu einer Aktiengesellschaft, und er saß im Aufsichtsrat der Bayerischen Handelsbank sowie der Coburg-Gothaischen Kreditbank. Er war Mitglied in dem 1859 gegründeten Münchner Bürger-Casino.[6] Von 1870 bis 1878 gehörte er dem Kollegium der Gemeindebevollmächtigten an. Von seinem Ansehen in der Stadt zeugen die Glückwunschschreiben des Magistrats zu seinem 70. Geburtstag am 2. Juni 1904 und die große Beerdigung im (erstaunlich schlichten) Familiengrab auf dem Alten Südlichen Friedhof am 30. Juli 1907, bei der auch Bürgermeister Wilhelm von Borscht mit einer Abordnung des Stadtrats anwesend war.[7]

Josef Ruederers mühevoller Weg zum Schriftsteller

Josef Ruederes Weg zum Schriftsteller war vor diesem familiären Hintergrund nicht so ohne Weiteres vorgezeichnet. Von ihm, der als Einzelkind aufwuchs (sein 1863 geborener Bruder Max starb bereits ein Jahr später an Lungentuberkulose), wurde die Fort-

5 Stadtarchiv München, PMB R 180.

6 Monacenisa, Nachlass Ruederer, Fotoalbum V: In dem Fotoalbum finden sich Fotos der Eltern, Voreltern und Verwandten Josef Ruederers. Dort auch ein Foto zum zehnjährigen Bestehen des Bürger-Casinos (1869) mit Medaillons aller Mitglieder, darunter auch Franz Josef Ruederer.

7 Stadtarchiv München, Bürgermeister und Rat 1862.

führung der großväterlichen und väterlichen Geschäftstüchtigkeit erwartet. Wie der Vater besuchte der Bankierssohn das humanistische Wilhelmsgymnasium in München. Nach dem im Jahr 1878 bestandenen Abitur begann Ruederer eine kaufmännische, dreijährige Ausbildung in der Bayerischen Handelsbank, die er nach der einjährigen Militärzeit und dem Aufstieg zum Reserveoffizier (1881 / 82) in Coburg fortsetzte, immer in der Einflusssphäre des Vaters. In Coburg lernte er Elisabeth Gazert aus protestantischem Elternhaus in Harburg an der Elbe kennen, die er wegen des Widerstands seiner Eltern (der Vater hielt die Braut bei seiner Stellung für keine gute Partie, die Mutter war gegen eine Mischehe) erst Ende 1888 heiraten konnte. Dazwischen lag ein einjähriges Praktikum bei einer Bank in Berlin (1885 / 86), dann wohnte er wieder in der elterlichen Wohnung in München – mittlerweile im Lehel in der Quaistraße 6 (1889 umbenannt in Steinsdorfstraße). Er zog dort erst aus, als er 1887 im Alter von 26 Jahren endlich seine erste eigene Stelle als Direktor einer geplanten Kunst- und Kunstgewerbehalle in München antreten konnte, die er aber kurze Zeit später wieder kündigte. Im März 1888 wurde er dann selbstständiger Teilhaber (zusammen mit Dr. Theodor von Bauer) und kaufmännischer Leiter eines großen technischen Montanbüros in der Maximilianstraße 15. Nun war auch der Weg frei für eine Hochzeit, die nach protestantischem Ritus am 2. November 1888 in Coburg gefeiert wurde.

Das Paar zog in das damals noch nicht nach München eingemeindete Schwabing in die Giselastraße 7/II und blieb in dem (heute noch stehenden) Haus zehn Jahre wohnen. Hier wurden die Kinder Hans (1889) und Margarethe (1890) geboren.

Doch im Geburtsjahr der Tochter traf Ruederer einige kaufmännische Fehlentscheidungen mit der Folge, dass er für seine Firma Konkurs anmelden musste. Dieser Geschäftsruin bedeutete den völligen Verlust der öffentlichen Reputation für Josef Ruederer, der auch sein Reserveoffizierspatent zurückgeben musste. Er war nun wieder von der finanziellen Unterstützung durch den Vater abhängig, der bei dem Bankrott zudem auch noch als Konkursverwalter fungiert hatte. Umso mehr erstaunt, dass Ruederer sich nun radikal von der kaufmännischen Familientradition abwandte und ein Leben als freier Schriftsteller wagte. In seinem Polizeimeldebogen wird diese Entscheidung durch die entsprechenden Eintragungen in der Rubrik »Standesbezeichnung« überdeutlich: zuerst »Direktor der german[ischen] Kunsthalle«, dann von anderer Hand »Kaufmann«, schließlich fügte ein dritter Schreiber ein: »Schriftsteller«.[8]

Ruederer als Schriftsteller und Privatier

Josef Ruederer blieb als Schriftsteller zunächst in Schwabing. In das Haus in der Giselastraße 7 zog 1893 der Maler Lovis Corinth im dritten Stock über der Familie Ruederer ein. Ihr gemeinsames Boheme-Leben schildert Ruederer sehr anschaulich in der Erzählung »Sein Verstand«, die 1899 in den »Wallfahrer-, Maler- und Mördergeschichten«, Ruederers zweitem Sammelband mit Erzählungen, erschienen ist. Von Corinth stammen das Titelbild und die Illustrationen in Ruederers erstem Novellenband mit dem Titel »Tragikomödien« von 1897 (darin die Münchner Geschichte »Das Gansjung«), der eine gedruckte Widmung für seinen Mitbewohner und einen weiteren Maler enthält: »Meinen Freunden Louis(!) Corinth und Otto Eckmann, Oktober 1896«. Ruederer und Corinth zogen beide 1898 aus der Giselastraße aus. Corinth blieb zunächst in München, ging dann aber 1901 ganz nach Berlin. Dort entstand 1904 ein Porträt Ruederers in Öl, das heute der Städtischen Galerie im Lenbachhaus gehört.[9]

Ruederer zog dagegen von Schwabing in die Ludwigsvorstadt, zunächst in die Herzog-Heinrich-Straße 20/II (1898–1902), dann in die Uhlandstraße 4/II (1902–1908).[10] Dieses erst 1892 baulich erschlossene Quartier um den Kaiser-Ludwig-Platz am Ostrand der Theresienwiese war zu einem bevorzugten Lebensbereich der Münchner Oberschicht geworden.

Dieser Wohnungswechsel zeigte deutlich die ganze Wider-

[8] Stadtarchiv München, PMB R 180.

[9] Das Foto einer Zeichnung Corinths von Ruederer aus der Schwabinger Zeit in: Monacensia, Nachlass Ruederer, Fotoalbum I. – Dort auch eine Aufnahme des Hauses in der Giselastraße 7 (aus dem Sommer 1936).

[10] Stadtarchiv München, PMB 180.

sprüchlichkeit von Ruederers Existenz. Den Zwiespalt zwischen dem Bürger und dem Künstler konnte Ruederer nie ganz aufheben; er saß quasi immer zwischen den Stühlen. Von den Künstlern der Schwabinger Boheme wurde der vermeintliche Millionenerbe (das wurde er erst nach dem Tod des Vaters 1907) als Bourgeois nie ganz anerkannt. Ruederer suchte auf der einen Seite die Nähe zu beiden Kreisen, er goutierte das Ambiente der bürgerlichen Oberschicht, und engagierte sich gleichzeitig in den literarischen Zirkeln der Moderne. Auf der anderen Seite hielt er aber auch Distanz und schüttete seinen Spott und seine Verachtung gleichermaßen über bürgerliche Philister und Avantgardekünstler aus.

Wenn auch München immer Ruederers Hauptwohnsitz blieb, gab es doch immer wieder Phasen der Rastlosigkeit. Er unternahm, in der Regel allein, viele Reisen auch ins Ausland. Regelmäßig, nicht selten zweimal im Jahr, fuhr Ruederer nach Neapel, wo er oft mehrere Wochen im Haus von Dr. Karl Graeser verbrachte. Der Schweizer Arzt leitete dort das Deutsche Krankenhaus. Der Kunstliebhaber wurde über all die Jahre zum engsten Freund Ruederers. Ihr umfangreicher Briefwechsel ist eine wichtige Quelle für die Beurteilung von Ruederers Persönlichkeit.[11]

Bis zum Tod der Eltern war Ruederer immer in finanziellen Schwierigkeiten, zumal er nie zu den Erfolgsautoren zählte. Nach dem Tod der Mutter am 15. August 1906 erbte er jedoch aufgrund testamentarischer Verfügung einen Großteil des Familienvermögens. Eine erlösende Zäsur war jedoch erst der Tod des Vaters am 28. Juli 1907. An den Freund Dr. Karl Graeser schrieb er am 8. November 1907:

> »Aber ich kann über eine Gestalt wie die meines Vaters, die mich 46 Jahre lang fest gedrückt hatte und gegen die anzukämpfen meine volle Mannesenergie kostete, nicht so leicht weg. Jetzt erst habe ich ihn endgültig bestattet, nun will ich aber auch leben.«[12]

[11] Monacensia, Nachlass Ruederer, JR B 196 und 746 (insgesamt über 1000 Briefe und Postkarten).

[12] Monacensia, Nachlass Ruederer, JR B 746.

Die Villa Ruederer, Maria-Theresia-Straße 28, Fotografie 1910

Ein beeindruckendes Symbol dieses neuen Lebensabschnitts war der Bau eines eigenen Hauses in dem zum noblen Villenviertel aufgestiegenen Münchner Stadtteil Bogenhausen. Im August 1907 kaufte der Millionenerbe das 2290 Quadratmeter große Grundstück Maria-Theresia-Straße 28 von Clemens Freiherr von Bechtolsheim und wurde damit dessen unmittelbarer Nachbar (Villa Bechtolsheim, Maria-Theresia-Straße 27). Der Architekt Max Langheinrich, ehemaliges Mitglied des Kabaretts »Elf Scharfrichter« und Freund Frank Wedekinds, errichtete eine Villa im neubarocken Stil. Das Anwesen erhielt eine zentrale Halle, um die sich Wirtschafts- und Repräsentationsräume sowie das Arbeitszimmer des Hausherrn gruppierten. Im Obergeschoss waren die Schlafräume der Familie und unter dem ausgebauten Dach die Unterkünfte des Personals. Im Garten der Villa stand auch ein Brunnen, darauf als Bronzefigur ein nackter Knabe mit einer Feder, nach einem Entwurf von Professor Eduard Beyrer (1866–1934).[13]

[13] Vgl. Ansicht des Brunnens auf einer Postkarte von 1910: Monacensia, Nachlass Ruederer, Fotoalbum IV.

Am 10. September 1908 wurde der Einzug gemeldet.[14] Ein deutlicheres Zeichen des nun gewonnenen völligen Abstands zur Schwabinger Boheme konnte Ruederer gar nicht setzen.

In dieser Zeit erwarb Ruederer auch einen großen Landsitz in Oberammergau. Am Kofel, dem Ammergauer Hausberg, baute er sich eine Hütte aus, in die er sich bevorzugt zum Schreiben zurückzog.[15] Die Exklusivität eines Landhausbesitzes teilte Ruederer nun mit so prominenten Schriftstellerkollegen wie Ludwig Ganghofer (Jagdhaus »Hubertus« bei Leutasch in Tirol), Ludwig Thoma (Haus »Tuften« in Rottach-Egern) oder Thomas Mann (Bad Tölz).

Ruederer in Münchens literarischer Szene

Ruederers erste erfolgreiche Veröffentlichungen standen zunächst ganz im Zeichen der modernen naturalistischen Dichtung: der sozialkritische, in einem Hochgebirgsdorf spielende Roman »Ein Verrückter. Kampf und Ende eines Lehrers« (1894), in dem Ruederer massiv die Autorität von Staat und Kirche angriff, und die Komödie »Die Fahnenweihe« (1895), ein satirisches Lehrstück über das Verhältnis von Moral und Kapital in einem aufstrebenden bayerischen Fremdenverkehrsort. Bevor München zum Hauptschauplatz von Ruederers Werken wurde, widmete er sich also zunächst ganz dem dörflichen Milieu. Beide Werke markieren den Beginn der kritischen Provinzliteratur in Bayern, lange Jahre bevor Ludwig Thoma mit dem Bauernroman »Andreas Vöst« (1906) oder der Komödie »Moral« (1909) diese Themen aufgriff und den kritischen Realismus weiterführte, damit aber auch zu einem – erfolgreicheren – Antipoden Ruederers wurde.

Für Ruederers Komödie fand sich in München keine Bühne, die das Stück aufführen wollte, es gab kein Theater der Moderne. Einen gewissen Ausgleich bot der *Akademisch-dramatische Verein* (1891–1903), eine viel beachtete Münchner Institution mit Vorträ-

[14] Stadtarchiv München, PMB 180.

[15] Fotos des Landhauses und der Hütte in: Monacensia, Nachlass Ruederer, Fotoalbum IV. – Dort auch Fotos der Ehefrau Elisabeth und der Kinder Hans und Margarethe.

gen, Lesungen und Theateraufführungen. Ruederer war dort, da kein Student oder Universitätslehrer, stolzes Ehrenmitglied. Hier las er öfter, unter anderem 1895 aus der »Fahnenweihe«, und er führte auch Regie (zum Beispiel 1898 »Baumeister Solneß« von Henrik Ibsen). Nachdem die Uraufführung der »Fahnenweihe« 1896 im fernen Berlin über die Bühne gegangen war, erlebte Ruederer die Münchner Uraufführung hier am 17. Januar 1898 unter Umgehung des polizeilichen Verbots. Die erste öffentliche Aufführung in München erfolgte erst 1899 am Gärtnerplatztheater, bis die Komödie 1912/13 dann zu einem Repertoirestück des Münchner Residenztheaters wurde.

Ruederer als »homo novus« in der literarischen Szene nutzte den Gedankenaustausch im *Akademisch-dramatischen Verein* und machte persönliche Bekanntschaft mit vielen Intellektuellen und Künstlern. In dieser Zeit wurde er auch mit Michael Georg Conrad bekannt, obwohl er zu dessen *Gesellschaft für modernes Leben* (1891–1893), in der Conrad die Vertreter der naturalistischen Richtung um sich scharte, in gewisser Distanz stand. Mit Conrad verband Ruederer dennoch eine lebenslange Freundschaft, die auch bei künstlerischen Meinungsverschiedenheiten (z. B. über die Einschätzung des Schriftstellers Georg Queri im Jahr 1912)[16] standhielt.

Ein guter Freund Ruederers wurde auch der damals schon berühmte Schriftsteller Max Halbe, der 1895 von Berlin nach München in die Giselastraße 16 gezogen war; sie waren also Nachbarn. Zusammen mit Lovis Corinth gingen sie jeden Abend in die »Osteria Bavaria« in der Schraudolphstraße, dem »Hauptquartier« der Münchner Künstlerjugend. In vielen literarischen Zirkeln Münchens saßen sie zusammen. Als Halbe 1895 kurz nach seiner Ankunft in München das *Intime Theater* gründete, war auch Ruederer mit dabei. Dieser nur kurzlebige Verein, der modernen Stücken unter Umgehung der polizeilichen Zensur einen elitären Aufführungsort bieten sollte, stand in Opposition zum einflussreichen und innovationsfeindlichen Hoftheaterintendanten Ernst von Possart.

[16] Vgl. unten Kapitel »Ruederer im Münchner Zensurbeirat«.

Als langlebigere Oppositionsbewegung zur bestehenden malerischen wie besonders zur literarischen Tradition in der Stadt (zum Beispiel gegen die tonangebenden Kreise um Franz von Lenbach, Friedrich August von Kaulbach, Gabriel von Seidl oder Paul Heyse) verstand sich die ebenfalls um 1895 von Josef Ruederer im Café Minerva in der Adalbertstraße gegründete *Nebenregierung* (der Name stammte von Oskar Panizza), zu der neben den Dichtern Max Halbe und Frank Wedekind auch die schon erwähnten Maler Lovis Corinth und Otto Eckmann gehörten, die 1892 in Opposition zur Münchner Künstlergenossenschaft die progressive »Sezession« gegründet hatten. Halbe hat in seinen Erinnerungen Ruderers Bedeutung treffend charakterisiert: »Unter den Persönlichkeiten, die dem Münchner literarischen Leben während der nächsten zwei Jahrzehnte ihren Stempel aufdrücken sollten, ist mit an erster Stelle Josef Ruederer zu nennen.«[17]

In seinem »München«-Buch hat Ruederer 1907 einen kleinen Abgesang auf seinen Verein angestimmt: »Vorbei – vorbei! In dem kleinen Hofe ist's nicht mehr so stimmungsvoll. Die Kastanienbäume sind zwar dicker geworden in den zwölf Jahren, aus dem Kneiplokal riecht's noch genauso stickig wie damals, aber die Literaten sind andere geworden. Vornehmer, abgeklärter, wie die alte Vorstadt Schwabing selber.«[18]

Nachfolgevereine der *Nebenregierung* wurden Gesellschaften mit Namen wie *Blutiger Rohrspatz* und die literarische Kegelgesellschaft *Unterströmung* (in der Türkenstraße 34), in denen aber Max Halbe der Wortführer war.

Als am 4. November 1897 auf Initiative des Schriftsteller Ernst von Wolzogen die *Münchner Litterarische Gesellschaft* gegründet wurde, trat auch Ruederer am Gründungsabend bei, doch schon am nächsten Tag wieder aus. Er prognostizierte dem Verein, als dessen erster Vorsitzender der populäre und prominente Kollege Ludwig Ganghofer fungierte, ein Auseinanderfallen der hier durch Zwang geeinten Künstler der verschiedensten Richtungen.

[17] Max Halbe, Jahrhundertwende. Geschichte meines Lebens 1893–1914, Danzig 1935, 2. Auflage 1942, S. 153.

[18] Josef Ruederer, München [1907]. Herausgegeben und kommentiert von Walter Hettche und Waldemar Fromm, München 2012, S. 84.

Tatsächlich kündigte Paul Heyse, der Nestor der Münchner Dichterschaft, die Mitgliedschaft, weil ihn die Ziele zu modern anmuteten; auch Wolzogen zog sich zurück. Trotz einer erfolgreichen Bilanz löste sich der Verein im April 1900 auf.

Ein Konkurrenzunternehmen dazu war der *Münchner Volksbühnenverein,* der nicht das traditionelle, kapitalkräftige Bildungsbürgertum ansprechen wollte, sondern auch finanziell schwache Schichten. Im Gründungskomitee vom November 1898 saßen neben Ruederer wieder Ernst von Wolzogen, Michael Georg Conrad, Max Halbe, Max Bernstein und auch Georg von Vollmar, der Führer der bayerischen Sozialdemokratie, mit dem Ruederer befreundet war. Doch die Annäherung von Kunst und Volk währte nicht lange; schon im Dezember 1900 kam es zur letzten Veranstaltung.

Als Gegenbewegung zur geplanten Verschärfung des § 184 des Reichsstrafgesetzbuches, die als »Lex Heinze« in die Rechtsgeschichte einging, schlossen sich im März 1900 alle noch so kontroversen dichterischen und künstlerischen Kräfte zusammen zur Gründung des *Goethebundes zum Schutze freier Kunst und Wissenschaft.* Max Halbe meldete den bald mitgliederstarken Verein polizeilich an und wurde 1. Vorsitzender der Ortsgruppe München. Ruederer fungierte dort zunächst als Beisitzer, ging jedoch kurze Zeit später auf Distanz zum *Goethebund,* und damit auch zu Halbe.

In dieser Zeit begann auch die Freundschaft mit Halbe zu zerbrechen. Sie verstanden sich zunehmend nicht mehr als Kollegen, sondern als künstlerische Konkurrenten, deren Verhältnis von gegenseitiger Hetze, Profilierungszwang und krankem Ehrgeiz geprägt war. In München bildeten sich nun zwei Fraktionen um Ruederer und Halbe, die jeweils ihre eigenen literarischen Zirkel und Kegelgesellschaften pflegten (zum Halbekreis gehörte auch Erich Mühsam).

Entsprechend zwiespältig fällt deshalb Halbes Urteil über Ruederer in seinen Memoiren aus:

> »Ruederer konnte ein faszinierender Gesellschafter sein. Sein aktives, ja aggressives Wesen, sein nervöses, bewegliches, in Hass und Liebe, in Zustimmung und Ablehnung jäh aufflakkerndes Temperament entzündete verwandte Stimmungen in

mir selbst. Ruederer stand eigentlich in einer fortwährenden Opposition gegen jeden und jedes; nicht zuletzt auch gegen sich selbst. Nicht dass es ihm etwa an Selbstschätzung, an Selbstbewusstsein gefehlt hätte. Er besaß von dieser im geistigen Haushalt des Dichters, des Künstlers nun einmal unentbehrlichen Begleiterscheinung sogar eine recht beträchtliche Dosis. Aber er hatte auch Stunden und Tage, wo er mit sich selbst, mit seiner Sendung, Berufung haderte und mit böser Kritik eben das vernichtete, bei dessen Konzeption er noch tags zuvor alle Schöpferwonnen durchkostet hatte.«[19]

Im Dezember 1903 gründete Ruederer, der gerade seine zweijährige Mitarbeit als München-Korrespondent an der in Berlin erscheinenden Tageszeitung »Der Tag« beendet hatte, den *Neuen Verein*. Dieser neue literarische Verein bezog sein Gesellschaftslokal im »Goldenen Hirsch« in der Türkenstraße 28, in dem bis dahin das 1901 gegründete Kabarett »Elf Scharfrichter« um Frank Wedekind sein Domizil hatte. Auslöser für Ruderers neue Vereinsgründung war die erzwungene Auflösung des *Akademisch-dramatischen Vereins* wegen einer umstrittenen Aufführung von Arthur Schnitzlers »Reigen«. Ruederer hatte sich bereits gegen die Auflösung mit kritischen Artikeln in der sozialdemokratischen »München Post« sehr weit aus dem Fenster gelehnt und dabei auch den untätig gebliebenen *Goethebund* heftig kritisiert. Ruederer wurde nun Präsident seines eigenen Vereins und führte die Tradition des *Akademisch-dramatischen Vereins* fort. Er organisierte Gastvorträge und führte auch hier gelegentlich Regie. 1905 kam im Rahmen des Vereins seine zweite und ebenfalls von der Zensur zurückgehaltene Komödie über die bayerische Revolution von 1848, »Die Morgenröte«, auf die Bühne.

In seinem »München«-Buch schreibt er 1907 über seinen *Neuen Verein*: »Der Namen hat er nicht mehr so viele, wie die ›Nebenregierung‹, aber er hat was Wichtigeres, was ihn stets halten wird, wie's den Akademisch-dramatischen Verein stützte: die Jugend und die Begeisterung«.[20]

[19] Halbe (wie Anm. 17), S. 153f.

[20] Ruederer (wie Anm. 18), S. 87.

Der *Neue Verein* stand in Konkurrenz zu der im November 1903, also einen Monat vorher, gegründeten *Dramatischen Gesellschaft,* die die Aktivitäten der 1900 eingeschlafenen *Münchner literarischen Gesellschaft* fortführten. Hier waren Halbe und Conrad die Wortführer, und in der Konkurrenz lag auch der Erfolg beider Gruppen.

Bis Juni 1911 blieb Ruederer aktives Mitglied im *Neuen Verein.* Sein Austritt erfolgte aus Protest gegen den künstlerischen Niveauverlust und die fortschreitende Kommerzialisierung, was an sein früheres Engagement beim Volksbühnenverein erinnert.

Ruderer förderte aber weiterhin als Privatmann auch finanziell den literarischen Nachwuchs, so zum Beispiel Christian Morgenstern, auch dies eine Seite seines so widersprüchlichen Wesens.

In dieser Zeit begann auch die Zusammenarbeit von Josef Ruederer mit der Zeitschrift »Süddeutsche Monatshefte«, die 1904 von Paul Nikolaus Cossmann[21] und Josef Hofmiller gegründet worden ist. Im ersten Jahr war der Schriftsteller Wilhelm Weigand, ein Freund Ruederers, der Herausgeber der Zeitschrift. Im ersten Jahrgang erschien auch Ruederers zweite Komödie »Die Morgenröte« im Vorabdruck. 1907, nach dem Tod des Vaters und Erbe des Familienvermögens, wurde Ruederer Sozietär der Zeitschrift. 1908 wechselte er mit seinem Gesamtwerk in den Buchverlag der »Süddeutschen Monatshefte«. So erschien 1909 auch die Novelle »Das Grab des Herrn Schefbeck« zuerst in dieser Zeitschrift.

Der Historiker Karl Alexander von Müller, der Ruederer über die Arbeit an den »Süddeutschen Monatsheften« kennen gelernt hatte, schreibt in seinen viel später verfassten Erinnerungen:

> »[...] er war eine ungewöhnliche und eigenständige Natur wie Begabung: die nicht häufige Spielart eines von Grund auf ungemütlichen Bayern. Aus einem vermöglichen eingesessenen

[21] Zu Cossmann, der 1920 Verlagsleiter bei der Knorr & Hirth GmbH und politischer Berater der »Münchner Neuesten Nachrichten« wurde (und damit zum Vorbild des Chefredakteurs Sonntag in Lion Feuchtwangers Roman »Erfolg«), vgl. Michael Stephan, Paul Nikolaus Cossmann und die »Münchner Neuesten Nachrichten«. Ein Beitrag zu Wirklichkeit und Wahrheit in Lion Feuchtwangers Roman »Erfolg«. In: Literatur in Bayern 76 (2004), S. 24–29.

Bürgerhaus stammend, von gepflegtem Äußeren, hatte er ein beinah überscharfes Auge für die heimatlichen Schwächen und war so mutig und ehrlich, seine Unabhängigkeit und sein satirisches Talent dazu zu benützen, sie mit einer Art von bissiger Freude ins Licht zu stellen. Er griff jedes Eisen am liebsten da an, wo es am heißesten war, so dass er allmählich seine Freunde gerade im bürgerlichen München mit den Fingern zählen konnte.«[22]

Die Entzweiung mit Max Halbe eskalierte im Jahr 1908, als Ruederers neues Stück, die Komödie »Wolkenkuckucksheim«, in dem gerade im Münchner Ausstellungspark neu eröffneten Münchner Künstlertheater unter Georg Fuchs seine Premiere fand.

Viel mehr Aufsehen erregte damals die kleine Streitschrift des Schriftstellers Friedrich Freksa mit dem gleichnamigen Titel »Das Wolkenkuckucksheim«, in der dieser sich zum Fürsprecher Ruederers machte und dabei ziemlich unverhohlen Max Halbe literaturkritisch attackierte wie auch menschlich durch den Kakao zog, der daraufhin einen Literaturprozess initiierte.

Es war ein damals noch kaum bekannter Münchner Schriftsteller, der in seiner Zeitschrift »Der Spiegel« und in der Berliner »Schaubühne« als Münchner Theaterkorrespondent die Ereignisse um das »Wolkenkuckucksheim« kritisch reflektiert hat: Lion Feuchtwanger. Feuchtwanger, der Ruederers frühen Stücken durchaus positiv gegenüberstand, verriss das neue Stück Ruederers vehement und goss seinen ganzen Spott über das Münchner Literatengezänk aus.[23]

Drei Jahre später wirkte der Streit offensichtlich immer noch nach. Erich Mühsam notierte am 9. November 1911 in sein Tagebuch eine Begegnung mit Max Halbe, der ihn fragte, wie »hier jetzt allgemein die Stimmung zu ihm sei«: »Ich sagte ihm […],

[22] Karl Alexander von Müller, Mars und Venus. Erinnerungen 1914–1919, Stuttgart 1954, S. 64f.

[23] Wolkenkuckucksheim, in: Die Schaubühne 4 (1908), 2. Band, S. 84–84 sowie: Der Münchner Klatschprozeß, in: Ebd., 75–76. – Vgl. die treffliche Schilderung der Münchner literarischen Szene, dieses »Marktplatzes der Eitelkeiten« bei: Andreas Heusler, Lion Feuchtwanger. Münchner – Emigrant – Weltbürger, Salzburg 2014, im Kapitel »1900 – München«, S. 45–97, hier vor allem S. 91.

dass er gefährliche Feindschaften hier kaum mehr habe. Die Kämpfe zwischen Neuem Verein und Dramatischer Gesellschaft sind infolge Ablebens der letzteren verstummt, und über die Ruederer-Freksa-Geschichte, die für diese Herren doch ein glatter Durchfall war, ist Gras gewachsen, um so mehr, als sich nach dem ›Schmied von Kochel‹ diese Partei doch nicht mehr zu laut machen darf. – Halbe war sehr beruhigt und ihm leuchteten meine Gründe ein. – Ich bin nun schon seit über 10 Jahren mitten unter diesen Literaten. Aber immer von neuem erstaune ich über die Kleinlichkeit, die Neidereien, die Kinderstubenhaftigkeit in diesen Kreisen. Haben denn solche Dinge wirklich mit dem Ewigen zu tun, auf das wir ausgehn?«[24]

Mühsam erwähnt in seinem Eintrag auch Ruederers letztes Stück, das zu seinen Lebzeiten auf die Bühne kam, die Tragödie »Der Schmied von Kochel«. In diesem historischen Drama über die Geschehnisse der Sendlinger Mordweihnacht von 1705 versuchte Ruederer eine auch quellenkritische Demontage des legendären bayerischen Nationalhelden. Doch das Stück fiel schon bei der Uraufführung im Münchner Schauspielhaus beim Publikum durch und wurde nach nur drei Vorstellungen vom Spielplan genommen. Bereits am 2. Oktober 1911 hatte Mühsam in seinem Tagebuch eine vernichtende Kritik notiert:

> »Gestern musste ich nun Ruederers ›Schmied von Kochel‹ über mich ergehen lassen. Eine wirre Verstiegenheit. Ruederer wollte sehr hoch hinaus und kannte seine Grenzen nicht: der typische Fall von Dilettantismus. [...] Gestern war nun das Oktoberwiesen-Sonntags-Publikum da. Das Haus war ausverkauft. Zum Schluss hörte man kräftige Zischlaute. Es rührte sich keine Hand. Verdientermaßen. – Nachher Torggelstube. [...].[25]

[24] Erich Mühsam, Heft 7 (17. Oktober 1911 bis 5. Januar 1912). – Druck: Erich Mühsam, Tagebücher, Band 2 (Hefte 7, 8, 9 – 1911–1912), Berlin 2012. – Hier zitiert nach der Online-Edition von Chris Hirte und Conrad Piens: www.muehsam-tagebuch.de [zuletzt geöffnet am 10. Juli 2015]

[25] Erich Mühsam, Heft 6 (29. Juli bis 17. Oktober 1911). – Druck: Erich Mühsam, Tagebücher, Band 1 (Hefte 1, 5, 6 – 1910 bis 1911), Berlin 2011. – Hier zitiert nach der Online-Edition von Chris Hirte und Conrad Piens: www.muehsam-tagebuch.de [zuletzt geöffnet am 10. Juli 2015]

Auch Ludwig Thoma arbeitete einige Jahre später an einem historischen Roman über das Jahr 1705, kam jedoch über Notizen nie hinaus. An Maidi von Liebermann schrieb er am 13. August 1919: »Ich gabs auf, weil ich sah, dass eine echte Schilderung unvorteilhaft für eine bisher heilige Legende vom Schmied v(on) Kochel ausfallen müsse. Legenden soll man nicht zerstören.«[26]

Auch wenn sich bei diesem Stoff keine direkte Vergleichsmöglichkeit ergab, wurden doch die beiden Autoren schon von den Zeitgenossen als Antipoden gegenübergestellt.

So schrieb Max Halbe in seinen, allerdings viel später verfassten Erinnerungen (wobei der zeitgebundene Duktus der Formulierung auch misstrauisch macht):

> Es wäre Ludwig Thoma »vorbehalten, in dem München der beiden ersten Jahrzehnte des neuen Jahrhunderts eine große, ja entscheidende Rolle zu spielen und durch sein Schaffen sowohl wie durch sein persönliches Leben und Wesen das dem altbayerischen wie jedem anderem deutschen Stamm innewohnende unbewusste Sehnen nach dichterischer Verkörperung seiner Eigenart zu verwirklichen. Schon Josef Ruederer hatte diesen Weg mit der ganzen verbissenen und verkrampften Leidenschaft seines zerrissenen Willens gesucht, aber nicht zu finden vermocht. [...] Wie schnell, wie unmittelbar und fast bedingungslos sind dem Förstersohn Ludwig Thoma die Herzen des altbayerischen Volkes zugeflogen, an deren Sprödigkeit der Patrizierebe Josef Ruederer gescheitert ist!«[27]

Und auch Karl Alexander von Müller widmet der vermeintlichen Gegnerschaft der beiden bayerischen Autoren par excellence ein paar Worte:

[26] Zitiert nach: Anton Keller (Hrsg.), Ludwig Thoma – Ein Leben in Briefen. 1875–1921, München 1963, S. 380.

[27] Halbe (wie Anm. 17), S. 352f.

»Inzwischen war er von Ludwig Thoma, dessen Spott bei aller Derbheit viel gutmütiger war, als bayerischer Schriftsteller in den Schatten gedrängt worden, seine eigene Produktivität schien durch die unablässigen Kämpfe früh geschwächt, und er litt unter beidem. Ich hörte nur, wie er den Rivalen, mit einem ingrimmigen Lächeln in seinem schon von Leiden gezeichneten, kampfgehärteten Gesicht, ›unsern fruchtbaren Humoristen‹ nannte.«[28]

Dabei hatte Ruederer in seinem »München«-Buch von 1907 noch ganz positiv über seinen »Kollegen« geschrieben: »Die einzige, wirklich literarische Persönlichkeit, der's glückte, Fuß zu fassen, dürfte wohl nur Ludwig Thoma sein.«[29]

Ihre offene Gegnerschaft rührte von einer Zeitungsfehde, die die beiden wegen der Affäre um den umstrittenen Kolonialisten und ehemaligen Reichskommissar in Deutsch-Ostafrika Dr. Karl Peters austrugen. Peters war von Ruederer, der ihm große Sympathien entgegenbrachte, zu einem Vortrag in seinem *Neuen Verein* am 14. September 1906 eingeladen worden. Nachdem die sozialdemokratische »Münchner Post« in ihrer Berichterstattung an die dunkle Vergangenheit Peters erinnert hatte, kam es zu einem Prozess in München im Juni / Juli 1907, bei dem auch Ruederer als Zeuge geladen war. Als sich im Nachgang zu dem Prozess auch Ludwig Thoma kritisch zu Peters äußerte in den im Verlag Albert Langen erscheinenden Blättern »Simplicissimus« und der im Januar 1907 gegründeten und von Thoma mit herausgegebenen »Halbmonatsschrift für deutsche Kultur« mit Namen »März«, gelang es Ruederer mit Artikeln in seinen »Süddeutschen Monatsheften«, den Gegner zu diskreditieren (der sich nach seiner politischen Wandlung im Ersten Weltkrieg gar nicht mehr so weit von den alldeutschen Positionen eines Karl Peters befinden sollte).

Diese öffentliche Pressefehde hinterließ nicht nur Spuren in der seit 1896 in München erscheinenden satirischen Zeitschrift »Simplicissimus«, für die Ruederer nie geschrieben hat (dort war eben Ludwig Thomas Domäne), sondern auch in der bei Georg Hirth

[28] Müller (wie Anm. 22), S. 65.
[29] Ruederer (wie Anm. 18), S. 80.

verlegten Zeitschrift »Jugend« (für die Ruederer ebenso nie einen Artikel verfasste). In einer Faschingsnummer des Jahres 1908 wird unter der Überschrift »Olympische Spiele 1908« satirisch ein Wettkampf der beiden großen Antipoden angekündigt: »Morgen Abend 9½ Uhr im Münchner Kindl-Keller – Großer End-Match der beiden Preisringer und bayrischen Champions Ruederer-Sepp und Thoma-Ludwig! – Die ganze literarische Gmoa wird anwesend sein.«[30]

Im heutigen Rückblick muss man feststellen, dass den Wettkampf zunächst Ludwig Thoma gewonnen hat, der bis heute eine ganz andere Rezeption als Ruederer gefunden hat. Dazu trug sicherlich auch die abschätzige Bewertung Ruederers durch Thoma in seinen Erinnerungen bei, die 1923 unter dem Titel »Leute, die ich kannte« erschienen sind:

> »Wir mochten einander nicht, obwohl wir uns persönlich bloß flüchtig kannten und uns eigentlich nur zweimal – im Gerichtssaale als Gegenzeugen und Gegensachverständige – trafen. Er wurde mir, ich wurde ihm als Widerpart vor Augen gestellt von Leuten, die uns zwei altbayrische Schriftsteller gegen einander abwägen mussten. Das hat mir nichts ausgemacht, und ihm wohl auch nicht. [...] Er hatte die Ansichten eines allem Ländlichen ferne stehenden Städters, und er war in der Art zu urteilen und sein Urteil zu äußern ein waschechter Münchner, so wenig er auch dafür gelten wollte. [...] Das ist kaum über die Theresienwiese hinausgesehen.«[31]

Dieses angebliche Unverständnis des Städters gegenüber altbayerischer Lebensart spiegelt sich auch in ihrer unterschiedlichen Bewertung von Georg Queris Buch »Kraftbayrisch« (1912) wider, über das Ruederer als Mitglied des Münchner Zensurbeirats und Thoma als Freund Queris ganz gegensätzliche Gutachten abgeliefert haben.

[30] Jugend, Jahrgang 13 (1908), Heft 8, S. 178. – Abrufbar im Internet unter: www.jugend-wochenschrift.de [zuletzt geöffnet am 10. Juli 2015]

[31] Ludwig Thoma, Gesammelte Werke. Autobiographisches und ausgewählte Briefe, Band 1, München 1933, S. 254–258.

Ruederer im Münchner Zensurbeirat (ab 1908)

Der im März 1908 bei der Polizeidirektion München geschaffene Zensurbeirat war eine im deutschsprachigen Raum einzigartige Institution. Nach öffentlicher Kritik an vielen, zum Teil willkürlichen und auch kuriosen Entscheidungen der Polizei bei der Theaterzensur sollte diese neue Sachverständigenkommission der örtlichen Behörde in künstlerischer und literarischer Hinsicht beratend und begutachtend zur Seite stehen. Der Zensurbeirat bestand aus 24 Männern des öffentlichen Lebens in München. Mit Ausnahme von vier Amtsniederlegungen und fünf Todesfällen, wobei nur drei neue Mitglieder berufen wurden, blieb der Zensurbeirat in seiner ursprünglichen Konstellation über zehn Jahre bis zur Aufhebung der Theaterzensur am 21. November 1918 bestehen. Der Zensurbeirat rekrutierte sich aus allen möglichen Berufsgruppen: Ärzte (Max von Gruber, Emil Kraepelin), Pädagogen (Georg Kerschensteiner, Josef Hofmiller), Philologen (Franz Muncker), Journalisten (Alfred Frhr. Mensi von Klarbach), Theaterleute (Generalintendant Ernst von Possart, Friedrich Basil), Bibliothekare (Hans Schnorr von Carolsfeld) und bildende Künstler (Adolf von Hildebrand) sowie viele Universitätsprofessoren (darunter Otto von Crusius). Sie waren alle in der Gesellschaft anerkannte und angesehene Vertreter des Bildungsbürgertums und gehörten politisch wie kulturell eher einer konservativen Richtung an. Auch die zwei in der literarischen Szene Münchens fest verankerten und tonangebenden Schriftsteller Max Halbe und Josef Ruederer, beide noch im Jahr 1900 bei der Gründung des *Goethebundes* die liberale Speerspitze gegen die Bedrohung der künstlerischen Freiheit, ließen sich anwerben. Ruederer schien sich auch nicht daran zu stören, dass seine eigene Komödie »Die Morgenröte« seit ihrer Publikation 1905 immer noch unter polizeilichem Aufführungsverbot stand.[32]

Die Hauptaufgabe des Beirats lag in der Begutachtung neuer Theaterstücke vor ihrer Aufführung, was natürlich für böses Blut unter den betroffenen Kollegen sorgte.

[32] Vgl. das Gedicht »Lola Montez« in der Zeitschrift »Jugend«, Jahrgang 10 (1905), Heft 21, S. 393: »Die Censur […] verbot die Lola-Montez-Dichtung/Die Herr Josef Ruederer verfaßt/Weil ihr seines Spottes ganze Richtung/In besagtem Stücke nicht recht paßt!«

Frank Wedekind war einer der Hauptbetroffenen der Theaterzensur. Von insgesamt 109 Stücken, die der Zensurbeirat in München im Zeitraum seines Bestehens begutachtete, waren allein 16 Werke von Wedekind. Obwohl Halbe und auch Ruederer sich immer für die Freigabe der Wedekind-Stücke aussprachen, wurden sie von Wedekind und seinen Anhängern, darunter Erich Mühsam, in öffentlichen Pressekampagnen diffamiert. Max Halbe trat schließlich, nachdem erneut ein Wedekind-Stück gegen sein Votum verboten worden war, aus Protest im Dezember 1911 aus dem Zensurbeirat aus. Ruederer blieb jedoch und er war es, der als Nachfolger Halbes Thomas Mann ins Spiel brachte. Im März 1912 trat der erst 36-jährige Schriftsteller dem umstrittenen Gremium bei.[33] Thomas Mann, ohne Hochschulabschluss, aber seit seiner 1905 erfolgten Einheirat bei der wohlhabenden Münchner jüdischen Familie Pringsheim gesellschaftlich aufgestiegen, fühlte sich wohl geschmeichelt, als jüngstes Mitglied in diesen illustren Honoratiorenverein aufgenommen zu werden. In einem Brief an Frank Wedekind vom 7. Dezember 1912 verteidigte Thomas Mann seine Mitgliedschaft in diesem beratenden Gremium mit dem Argument, damit Schlimmeres verhüten zu können – und lag damit wohl auch auf der Argumentationslinie von Josef Ruederer. Doch als Wedekinds Theaterstück »Lulu« im Mai 1913 polizeilich verboten wurde, obwohl sich Thomas Mann wie vier andere Beiräte (darunter Josef Ruederer) für eine Freigabe eingesetzt hatten, trat Thomas Mann aus diesem Gremium wieder aus. Seine Begründung in seinem Schreiben am 26. Mai 1913 an die Polizeidirektion: »Kollegiale Rücksichten nötigen mich zu diesem Schritt.«[34] Auch bei Ruederer warb Thomas Mann um Verständnis für seine Entscheidung.[35] Ruederer blieb jedoch – bis zu seinem Tod – lieber auf der Seite staatlicher Reaktion, wohl aus einer für ihn unüberwindlichen Antipathie gegenüber den bohemehaften Schwabinger

[33] Michael Stephan, Thomas Mann und der Münchener Zensurbeirat. In: Dirk Heißerer (Hrsg.), Thomas Mann in München V. Vorträge 2007–2009. Dokumentation (Thomas-Mann-Schriftenreihe Band 8), München 2010, S. 51–83.

[34] Staatsarchiv München, Polizeidirektion München 4342/II, Bl. 220.

[35] Vgl. Brief vom 29. Mai 1913 (Monacensia, Nachlass Ruederer, JR B 300).

Künstlerkreisen um Wedekind und Mühsam, von denen er sich als bürgerlicher Schriftsteller längst emanzipiert fühlte.

In die Zeit von Thomas Manns Mitgliedschaft beim Münchner Zensurbeirat fällt auch die Konfiskation von Georg Queris – im Münchner Piper Verlag erschienenen – volkskundlichem Buch »Kraftbayrisch. Ein Wörterbuch der erotischen und skatologischen Redensarten der Altbayern«, das erst nach einem Aufsehen erregenden Prozess im Dezember 1912 wieder freigegeben wurde.[36] Allerdings gehörte nicht Thomas Mann zu den fünf ausgewählten Zensurbeiräten, denen das Werk zur Begutachtung vorgelegt wurde, wohl aber Josef Ruederer.

In seinem Gutachten vom 11. Oktober 1912 weiß sich Ruederer unter unausgesprochenem Verweis auf sein erstes Theaterstück »Die Fahnenweihe« in einigen Punkten mit Queri einig, »denn niemand kann das Verlogene der oberbayerischen Schnackerlsgaudi mehr verdammen als ich, der ich sie vor bald 18 Jahren in der Figur des Schnaderhüpferlhanswursten Götzenberger dem Gelächter der literarischen Welt preisgegeben habe«. Im Übrigen konnte er dem Buch nicht viel abgewinnen, das für ihn nichts mehr war als »ein Lexikon urmünchener Witze – und zwar recht ordinäres«.[37]

Ruederers negatives Urteil, das mit zur Konfiskation des Buches führte, war mit Sicherheit nicht unbefangen, denn seine persönliche Beziehung zu Queri war schon seit längerer Zeit getrübt. Das geht zumindest aus einem Brief Queris an Ruederer hervor, in dem es um ein im Journalisten- und Schriftsteller-Verein ver-

[36] Michael Stephan, Der Prozess um das Buch »Kraftbayrisch« von Georg Queri (1912) – Rechtsgeschichtliche Anmerkungen zum § 184 Reichsstrafgesetzbuch und zum Münchner Zensurbeirat. In: Archivalische Zeitschrift 88 (2006), S. 977–994. – Michael Stephan, Unzucht oder Wissenschaft? Der Prozess um das Buch »Kraftbayrisch« von Georg Queri (1912). [Nachwort zu:] Georg Queri, Kraftbayrisch. Ein Wörterbuch der erotischen und skatologischen Redensarten der Altbayern, München 2003, S. 247–263 [Neuauflage der Ausgabe von 1912 in der Reihe »edition monacensia«].

[37] Entwurf des Gutachtens in: Monacensia, Nachlass Ruederer, JR M 242. – Exemplar der Polizeidirektion: Staatsarchiv München, Polizeidirektion München 7246. – Druck bei: Michael Stephan, Georg Queri 1879–1919. Journalist, Schriftsteller und Volkskundler aus Oberbayern. Ein Lesebuch (Staatliche Archive – Kleine Ausstellungen Nr. 19), München 2002, S. 169–171.

breitetes Gerücht geht, Ruederer habe Queri beleidigt und ihn aus seinem Hause gewiesen.[38]

In dem Prozess um das Buch »Kraftbayrisch« vor dem Landgericht München standen sich schließlich der Gutachter Ruederer und die von Queri gewonnenen Gegengutachter Ludwig Thoma und Ludwig Ganghofer persönlich gegenüber. In einem Brief Queris an seinen Freund Thoma, in dem Ruederer als »Feind« bezeichnet wird, bat Queri vor der Verhandlung in seiner unnachahmlichen Art um persönliches Erscheinen: »Der Pose Ruederers muss ihre gewärtige Persönlichkeit gegenüber gestellt werden. Und Sie wissen zu dem Geschwätz ein paar volle Trümpfe. Sie sind die Ass, der Ruederer der blanke Zehner. Bitte, stechen.«[39]

Diese gerichtliche Auseinandersetzung hatte ein Jahr später noch ein kleines Nachspiel. 1913 gaben Ludwig Thoma und Georg Queri zusammen die erste Anthologie bayerischer Literatur heraus: »Bayernbuch. 100 bayrische Autoren eines Jahrtausends«.[40] Vom Mittelalter bis zur Gegenwart – sogar die junge Lena Christ war bereits mit einem Kapitel aus ihrem Erstlingswerk »Erinnerungen einer Überflüssigen« vertreten – hatten die beiden Herausgeber Texte ausgewählt, die ihrem »privaten Geschmack« (so in ihrem Vorwort) am besten entsprachen. Ausgerechnet der renommierte Schriftsteller Josef Ruederer fehlte, was in der Öffentlichkeit auf die persönlichen Animositäten der Herausgeber gegen ihn zurückgeführt wurde. In einem Brief vom 8. Dezember 1913 an Michael Georg Conrad, der Queri in einem Zeitungsartikel über dessen »altbayerische Schriften« während der Konfiskation von »Kraftbayrisch« vehement verteidigt hatte, stellte Queri jedoch klar, dass er die Erzählung »Das Gansjung« aufnehmen wollte, »das für mich persönlich die beste Arbeit R[uederer]s darstellt neben vielen Versagern«. Es sei jedoch an den hohen Honorarforderungen von

38 Brief von Georg Queri an Josef Ruederer, 23. April 1910 (Monacensia, Nachlass Ruederer, JR B 386).

39 Monacensia, Nachlass Thoma, Nr. 698/72. – Abdruck des ganzen Briefes bei Stephan (wie Anm. 36), S. 180–181.

40 Michael Stephan, Das »Bayernbuch«. Georg Queris und Ludwig Thomas Anthologie der bayerischen Literatur (1913). In: Literatur in Bayern Nr. 69 (2002), S. 22–27.

Ruederers Verlag (der »Süddeutschen Monatshefte«) gescheitert. In dem Brief bedauert Queri auch ausdrücklich diese »Lücke«, geht aber doch noch einmal auf sein feindliches Verhältnis zu Ruederer und sein Gutachten zu »Kraftbayrisch« ein: »Ich habe alle Veranlassung, in R(uederer) einen verzogenen Menschen zu sehen, der zu sehr von sich selbst überzeugt ist, um sich zum Anstand gegen einen kleinen Kollegen verpflichtet zu fühlen. Er weiß, wie schwer ich mich von ihm beleidigt fühle – das wäre ein Grund gewesen, in der Folge ein Gutachten gegen mich abzulehnen.«[41]

Ruederer und der Erste Weltkrieg

Von der nationalen Euphorie, die der Ausbruch des Ersten Weltkriegs auch bei vielen Schriftstellern ausgelöst hat, ließ sich Ruederer nicht anstecken. Auch wenn er eine Zeit lang mit der Rolle eines Kriegsberichterstatters liebäugelte so wie von Anfang an Ludwig Ganghofer, später auch der »Oberhanswurst Ludwig Thoma«[42] und Georg Queri[43], überrascht doch folgende briefliche Äußerung Ruederers: »Bei aller Liebe für mein Vaterland Deutschland bin ich nämlich nicht fähig, mich im Dienst der patriotischen Poesie zu betätigen wie Ganghofer oder gar wie Herr Thoma, der vorgestern noch den Kaiser anpöbelte, um ihm heute an derselben Stelle des Simpl[icissimus] zuzujubeln.«[44]

Auch seine ersten Kriegsartikel, die er bis November 1914 in der sozialdemokratischen »Münchner Post« veröffentlichte, lassen nichts von patriotischem Enthusiasmus spüren. Eine gewisse Wendung vollzog er dann mit seinem letzten Kriegsartikel, seinem letzten Zeitungsartikel überhaupt, in dem er sich noch einmal mit seiner Stadt München beschäftigt. Der Beitrag »Die gastliche

41 Monacensia, Georg Queri A I/10.

42 So Ruederer in seinem Brief an Karl Graeser, 20. Oktober 1914 (Monacensia, Nachlass Ruederer, JR B 746).

43 Michael Stephan, Georg Queri und der Erste Weltkrieg. [Nachwort zu:] Georg Queri, Kriegsbüchl aus dem Westen. Text der Erstausgabe von 1915, München 2014, S. 177–203.

44 Brief Ruederers an Carl von Wallmenich, 24. September 1914 (Monacensia, Nachlass Ruederer JR B 528).

Stadt« erschien bezeichnenderweise nicht in der »Münchner Post«, sondern im Dezember 1914 in den nationalistischen Kriegsheften der »Süddeutschen Monatshefte«. Ruederer beklagt hier den Niedergang der einstigen Kulturstadt München und ihren Ausverkauf durch den Münchner Fremdenverkehrsverein, was in einer seltsamen fremdenfeindlichen Philippika endet. Er freut sich auf die Friedenszeit und auf

> »ein gutes deutsches Publikum, das Freude an deutscher Kunst und deutschen Sitten hat. Dann könnte vielleicht die uns einst so lieb gewesene Physiognomie des öffentlichen Lebens ursprünglichere Züge aufweisen, als sie's vor Kriegsausbruch tat, wo sie durch ausländische Krethi und Plethi, dem Urbild völlig entrückt, zur Grimasse verzerrt wurde, die für eine internationale Badegelegenheit, nicht aber für die bayerische Hauptstadt passt.«[45]

Zu dieser Rückwärtsgewandtheit passt auch Ruederers letzte Arbeit an einer mehrteiligen Geschichte seiner Familie und der Stadt München im 19. Jahrhundert, an der er seit Dezember 1914 fleißig arbeitete. Die Beschäftigung mit der Vergangenheit mutet an wie eine Flucht aus der schrecklichen Kriegsgegenwart an. Im Mai 1915 ist der erste Teil fertig, der aber erst nach seinem Tod unter dem Titel »Das Erwachen« erscheinen wird.

Tod, Rezeption und Nachleben

Josef Ruederer litt am Ende seines Lebens an einem Nierenleiden, das ihn an der Fortsetzung seiner Familiensaga hinderte. Er verbrachte die letzten Wochen seiner Krankheit in seinem Landhaus in Oberammergau. Zum Sterben ließ er sich jedoch in seine Heimatstadt München zurückbringen. Der Tod erfolgte am 20. Oktober 1915 in seiner Villa in Bogenhausen.

Einen Tag später notierte Erich Mühsam, der Antipode Ruderers aus der Schwabinger Boheme, in sein Tagebuch:

[45] S. 415.

> »Jos[ef] Ruederer ist gestorben. Ich hatte keine persönlichen Beziehungen zu ihm, und nur sehr geringe zu seinem Werk. Seine literarische Bedeutung halte ich für hoch überschätzt. Wenn er etwas Großes versuchte (›Schmied von Kochel‹, ›Wolkenkuckucksheim‹), dann sah man bei vieler Ehrlichkeit und bestem Wollen doch die Unzulänglichkeit, – auch des Seelischen. Meine persönlichen Erfahrungen beschränken sich auf meine Angriffe gegen ihn, weil er im Zensurbeirat der Polizei als reicher Mann Hilfe gegen seine armen Kollegen leistete und darauf, dass er deswegen in der Stadt herumlief und mich als ›Arschloch‹ beschimpfte. Er bekommt jetzt überall spaltenlange Nachrufe. Für Paul Scheerbart [der Schriftsteller war am 15. Oktober 1915 in Berlin gestorben], diesen genialen einzigen deutschen Humoristen unsrer Zeit, hatte man ein paar mitleidige Zeilen übrig, und auch die nur in den größeren Blättern.«[46]

Es mutet ein bisschen wie die Ironie der Geschichte an, dass Ruederer, der satirische Kritiker des Bestattungskults, der Schöpfer des Herrn Schefbeck, selbst von einer großen Trauergemeinde mit allem Pomp verabschiedet wurde. Ernst von Destouches, der Münchner Stadtarchivar und Stadtchronist, selbst literarisch tätig, war persönlich bei der Trauerfeier am Münchner Ostfriedhof am 22. Oktober 1915 anwesend und hat einen langen Chronik-Eintrag zu diesem Ereignis der Münchner Stadtgeschichte verfasst. Die von ihm aufgezählten, sehr gegensätzlichen Trauergäste zeigten noch einmal in aller Deutlichkeit die beiden Sphären, in denen Ruederer als Bürger und als Künstler gelebt hatte:

> »In der Aussegnungshalle des Ostfriedhofes war am heutigen Spätherbsttage der Sarg mit der Leiche des Münchner Dichters Josef Ruederer aufgebahrt; Kränze in reicher Zahl, zu seinen Seiten Lorbeer und die Blumen des Herbstes zumeist; wie es die Stimmung der Stunde wollte. Eine ansehnliche Schar Leid-

[46] Erich Mühsam, Heft 15 (21. August bis 16. Dezember 1915). – Druck: Erich Mühsam, Tagebücher, Band 4 (Hefte 13, 14, 15 – 1915), Berlin 2013. – Hier zitiert nach der Online-Edition von Chris Hirte und Conrad Piens: www.muehsam-tagebuch.de [zuletzt geöffnet am 10. Juli 2015]

tragender hatte sich mit den Angehörigen und den näheren Freunden des Verstorbenen eingefunden.

Oberbürgermeister Dr. [Wilhelm] von Borscht, Polizeipräsident [Carl] von Grundherr vertraten die Behörden; die Münchner Theaterwelt, die Literatur und die bildenden Künste hatten manchen namhaften Vertreter entsandt. Von den Hofbühnen waren Oberstabsrat [Hermann] Zollner, Professor Anton Fuchs und Kammersänger Dr. [Paul] Kuhn gekommen. Direktor [Cajetan] Schmederer und Siegfried Raabe vertraten das Schauspielhaus, das Volkstheater hatte seinen Dramaturgen Leiner entsandt. Wilhelm Weigand, Georg Michael Conrad und Georg Schaumberg, von der Vorstandschaft des Journalisten- und Schriftstellervereins, Archivrat Ernst von Destouches vertraten die Münchner Literatur. Von namhaften bildenden Künstlern sah man Oberregierungsrat Maximilian Dasio, Professor Adolf von Hildebrand, Professor Benno Becker, Professor Richard Kaiser und den Bildhauer Eduard Beyrer. Auch Professor Eugen von Stieler war gekommen. Universitätsprofessor Dr. Franz Muncker und der Präsident der Akademie der Wissenschaften Geheimrat Professor Dr. [Otto] von Crusius vertraten die Münchner Wissenschaft. Ferner sah man den Generaldirektor der Löwenbrauerei Geheimrat [Friedrich von] Mildner und als Vertreter des Aufsichtsrats dieser Brauerei Hofrat Dr. [Jakob] Schulmann.

Ein Geigensolo erklang aus der Höhe. Bach, gespielt von Gertrud Schuster-Woldan. Gedämpftes Harmoniumspiel mit Begleitung. Dann trat Wilhelm Weigand, der Freund und Weggenosse Ruederers, zu Füßen des Sarges, des Gestorbenen in bewegten Worten zu gedenken. Er fand die Form für die Gefühle, die in dieser Stunde alle Anwesenden bewegten. Am Grabe eines Dichters, der scheiden musste in der Vollkraft der Jahre, dem das Geschick es noch nicht gegeben hatte, ein Vollendeter zu sein. Beschieden war ihm ein glückliches Familienleben, die Erfahrung eines reichen, trotz aller Stille bewegten Lebens, eine wunderbar gerade Ehrlichkeit seines Strebens. Er war in seltenem Maße das, was Goethe eine ›Natur‹ zu nennen pflegte; war ein Phantasiemensch durch und durch, und dabei ein Kämpfer, der fest daran glaubte, dass das Lachen sicherer töte als der Zorn. Der Redner zeichnete dann in kurzen, mit der Liebe und dem vollen Verstehen des Freundes geschauten Zügen das Lebenswerk Ruederers. Hinweisend auf das besondere Verhältnis Ruederers zu seiner Heimatstadt München, die er bei aller Geißelung ihrer Schwächen mit heißem Herzen geliebt hat, ließ er seine Rede in der Betrachtung ausklingen, dass in Ruederers Lebenswerk das Verhältnis zwischen Mensch, Dichter und Heimat seinen vollendeten Ausdruck gefunden habe. – Nun widmete Professor Paul Nikolaus Cossmann dem Toten einen Abschiedsgruß und das Gelöbnis, des Dankes nie zu vergessen. Polizeipräsident von Grundherr gedachte der Tätigkeit Ruederers als Mitglied des Zensurbeirats und legte einen Kranz nieder. Dr. Wilhelm Rosenthal widmete einen Kranz und sprach von den langen Jahren der Kämpfergemeinschaft, einst im *Akademisch-dramaturgischen Verein*, später im Neuen Verein. Als Vertreter der jungen Münchner Dichtergeneration legte Maximilian Brantl einen Kranz an Ruederers Sarge nieder.

Ein Streichquartett mit Harmoniumbegleitung spielte Beethovens Cavatina Opus 130. Als die letzten Akkorde verhallten, hoben die Träger den Sarg; die Angehörigen und Trauergäste schlossen sich an. Wenige Schritte nur und der blumenbedeckte Sarg, der Josef Ruederers Sterbliches umschloss, entschwand den Blicken, der Leib des Dichters war den Flammen übergeben.

Unter den zahllosen Kranzspenden trugen manche Widmungsschleifen. Darunter die von den Offizieren der Inspektion der Luftschifftruppen, vom Verein Münchner Schriftstellerinnen, der Aktiengesellschaft zum Löwenbräu München, der Gewerkschaft ›Adolph‹, von den Direktoren [Ignaz] Stollberg – [Cajetan] Schmederer, von Wilhelm Weigand, Carry Brachvogel, Michael und Mary Balling, Heinrich Jaffe, Emil und Hedwig von Seutter.«[47]

[47] Stadtarchiv München, Stadtchronik, Eintrag zum 22. Oktober 1915 (Jahrbuch 1915, 2. Band, S. 2718–2720). – Für den Beilagenband der Stadtchronik hat Ernst von Destouches von der Witwe Elisabeth Ruederer ein Foto erbeten; für den Erhalt bedankte er sich mit Brief vom 28. Dezember 1915 (Monacensia, Nachlass Ruederer JR B 616). – Der Chronikeintrag endet

Die Trauerfeier fand deshalb am Ostfriedhof statt, weil sich hier das städtische Krematorium befand. Die von Ruederer gewünschte, damals noch völlig unübliche Einäscherung war vielleicht ein letzter Hieb von ihm gegen die katholische Kirche.

Sehr aufschlussreich auch seine Entscheidung, sich nicht im Familiengrab im Alten Südlichen Friedhof beerdigen zu lassen, wo sein Vater noch 1907 mit einer großen Trauerfeier zu Grabe getragen worden war. Ruederer wollte vielleicht bewusst mit der alten Tradition brechen und richtete am Waldfriedhof eine neue Grabstätte für sich und seine Familie ein.[48] Der 1907 im Süden Münchens eröffnete Waldfriedhof war der letzte der vier nach Plänen des Münchner Stadtbaurats Hans Grässel entstandenen und nach den Himmelsrichtungen angelegten Großfriedhöfe. Da dort schon Otto Julius Bierbaum (1910) und der Literaturnobelpreisträger Paul Heyse (1914) beerdigt worden waren, wurde der Waldfriedhof mit Josef Ruederer und später mit Frank Wedekind (1918) zum neuen Münchner Dichterfriedhof.

Zwei Jahre nach dem frühen Tod ihres Mannes verkaufte Elisabeth Ruederer das Grundstück an der Maria-Theresia-Straße 28 mit Wohnhaus, Terrasse, Garten und Pavillon für 385 000 Mark an das Bankiersehepaar Auguste und Martin Aufhäuser. 1918 kaufte die Witwe und ihr Sohn Hans dafür für 105 000 Mark eine Villa an der Kolbergerstraße 16, die der Architekt Carl Jäger zehn Jahre zuvor selbst erbaut hatte. Den Brunnen aus dem Garten in der Maria-Theresia-Straße 28 schenkte sie 1919 der Stadt München, die ihn als Josef-Ruederer-Brunnen in den nahen Maximiliansanlagen (in der Höhe der Maria-Theresia-Straße 20), seinem heutigen Standort, aufstellen ließ und ihn im Mai 1920 in Betrieb nahm. Die Inschrift (»Josef Ruederer † 1915«) mit einem Reliefbild des Schriftstellers im Profil ist allerdings seit Ende des Zweiten Weltkriegs verloren, ebenso wie die Brunnenfigur. Sie wurde bei der Renovierung des Brunnens erneuert. Seit 1963 ist der Brunnen wieder in Betrieb.

deshalb mit dem Hinweis: »Ein Bildnis des Verlebten enthält der Beilagenband unter Nr. 7«. Abbildung des Fotos auf S. 90

48 Foto des von Fritz Behn gestalteten Grabsteins: Monacensia, Nachlass Ruederer, Fotoalbum I.

»Ruederer-Brunnen« in den Maximiliansanlagen, Fotografie 1942

In ihrer Korrespondenz mit der Stadt (unter anderem mit Bürgermeister Wilhelm von Borscht) wegen der Schenkung des Brunnens regte sie auch an, eine Straße nach ihrem verstorbenen Mann zu benennen.[49] Dieser Wunsch wurde aber nicht mehr zu ihren Lebzeiten erfüllt. Erst im Jahr 1962 erhielt in der Maxvorstadt ein kleines Teilstück der Gabelsbergerstraße an einer Grünfläche bei der Dachauer Straße / Ecke Sandstraße den Namen »Josef-Ruederer-Straße«.

Im Jahre 1929 traf die Familie von Josef Ruederer eine wichtige Entscheidung über den Nachlass. Im Vertrag zwischen der Witwe Elisabeth Ruederer, ihren beiden Kindern Dr. Hans Ruederer und Margarete Knigge und der Stadt München, vertreten durch den Zweiten Bürgermeister Dr. Hans Küfner, vom 23. Dezember 1929 ging das seinerzeit im Haus der Witwe in Oberammergau befindliche »Josef-Ruederer-Gedächtniszimmer« in das Eigentum der Stadt München über. Es umfasst den »gesam-

[49] Monacensia, Nachlass Ruederer JR B 616.

ten handschriftlichen Nachlass von Josef Ruederer, einen großen Teil seiner Briefe sowie der an ihn gerichteten Briefe, eine Sammlung sämtlicher Ausgaben seiner Werke, eine Sammlung von Bildern […] und Schränke.« Im Vertrag folgen ausführliche Bestimmungen über die Präsentation des Gedächtniszimmers, das Urheberrecht, die Einsichtnahme und Veröffentlichung von Briefen und Handschriften.

Interessant sind in dem Vertrag auch die Verfügungen über die Grabstätte von Josef Ruederer (und zukünftig seiner Witwe und Kinder) auf dem Waldfriedhof und das »Ewigkeitsgrab« auf dem Alten Südlichen Friedhof. So heißt es in §8: »Die Stadt wird dafür sorgen, dass die mit einem Grabmal von Professor [Fritz] Behn geschmückte Grabstätte Josef Ruederers auf dem Münchner Waldfriedhof (Sektion 38 Nr. 30a/b) dort belassen und auf ihre Kosten angemessen unterhalten wird, solange dieser Teil des Waldfriedhofs als Friedhof existiert. Die Unterhaltspflicht umfasst auch die angemessene Instandhaltung des Grabmals und der Einfriedung.«

Und in § 9: »Die Stadt wird das als ›Ewigkeitsgrab‹ von der Familie Ruederer erworbene Grab der Eltern, Großeltern und Urgroßeltern Josef Ruederers auf dem alten südlichen Friedhof (Sektion V, Reihe 17, Nr. 13) nach dem Ableben von Frau Elisabeth Ruederer auf ihre Kosten in Unterhalt nehmen.«[50]

Elisabeth Ruederer lebte bis zu ihrem Tod 1934 in dem Haus in Oberammergau.[51]

Aus Anlass von Ruederers 70. Geburtstag am 15. Oktober 1931 wurde das »Josef-Ruederer-Gedächtnis-Zimmer« in der Münchner Stadtbibliothek eröffnet. Bevor Hans Ludwig Held, der rührige Begründer der Handschriften- und Monacensia-Sammlung der Münchner Stadtbibliothek, das Leben und Wirken des Schriftstellers würdigte, versprach Bürgermeister Dr. Hans Küfner »das Gedächtnis an den Münchner Dichter und Schriftsteller Josef Ruederer« zu erhalten: »Sie dürfen überzeugt sein,

[50] Abschrift des Vertrags in den Erwerbungsakten der Monacensia.

[51] Heute ist das sogenannte Ruedererhaus in der Tirolergasse 11 ein lebendiges Kulturzentrum. Siehe auch: www.ruedererhaus.de [zuletzt geöffnet am 10. Juli 2015].

dass wir diese unsere Ehrenpflicht stets treu erfüllen und ebenso die Grabstätte Josef Ruederers im Waldfriedhof wie das ›Ewigkeitsgrab‹ der Familie Ruederer im [Alten] Südlichen Friedhof in ebenso treue Obhut und Pflege nehmen.«[52]

Die dauerhafte Pflege von Ruederers Grab war sicherlich leichter zu bewerkstelligen, als ihn als Schriftsteller für das Publikum interessant zu erhalten. Tatsache ist, dass Ruederers Stücke auf den Bühnen nicht mehr gespielt und seine Werke kaum mehr aufgelegt wurden. 1927 war zuletzt die Erzählung »Hochzeiter und Hochzeiterin«, eine der fünf Geschichten aus dem Sammelband »Tragikomödien« von 1897, im Georg Müller Verlag erschienen. »Die Nachwirkung Ruederers blieb bescheiden und seiner Bedeutung unangemessen.«[53]

Die Neuauflage von »Das Erwachen« 1962 im Süddeutschen Verlag (mit einem Nachwort von Ludwig Schrott) unter dem seltsamen Titel »Weißblaue Achtundvierziger«, der dem Trend der anhebenden Bavarica-Welle huldigte, blieb ein Solitär.

Erst 1987 legte der Süddeutsche Verlag eine immerhin fünfbändige Werkausgabe vor, herausgegeben von Hans-Reinhard Müller, dem Intendanten der Münchner Kammerspiele.[54] Trotz hoffnungsfroher Rezensionen von Bernhard Setzwein[55] und Gerd Holzheimer[56] verhalf die ambitionierte Ausgabe Ruederer nicht wirklich zu größerem Nachruhm.

Im Jahr 2008 brachte die Süddeutsche Zeitung die Edition »München erlesen« in 21 Bänden heraus, in der Ruederers Roman »Das Er-

52 Stadtarchiv München, Bürgermeister und Rat 1424/2.

53 Heinz Puknus, Josef Ruederer (15. Oktober 1861 bis 20. Oktober 1915). Literarischer Neuerer, in: Alfons Schweiggert und Hannes S. Macher (Hrsg.), Autoren und Autorinnen in Bayern. 20. Jahrhundert, Dachau 2004, S. 31–33.

54 Hans-Reinhard Müller, Josef Ruederer – neu entdeckt [Vorwort zur Werkausgabe in fünf Bänden], in [Band 1]: Josef Ruederer, Das Erwachen. Ein Münchner Roman bis zum Jahre 1848, München 1987, S. I–XIV.

55 Bernhard Setzwein, Der Antipode Ludwig Thomas. Das Werk Josef Ruederers ist wieder zugänglich, in: Bayerische Staatszeitung vom 15. September 1989.

56 Gerd Holzheimer, »Hier ist Kunst, hier ist Heimat«. Josef Ruederer, der Thoma-Antipode: noch immer zu entdecken, in: Bayerische Staatszeitung vom 3. September 1993.

wachen« (als Band 14) in einer Reihe mit Autoren wie Lion Feuchtwanger (»Erfolg«), Oskar Maria Graf (»Wir sind Gefangene«), Karl Valentin (»Die Jugendstreiche des Knaben Karl«) oder Herbert Achternbusch (»Die Olympiasiegerin«) wieder zu entdecken war, das Echo blieb jedoch wie zwanzig Jahre zuvor nahezu aus.

Als 2012 der Allitera Verlag das 1907 erschienene »München«-Buch wieder auflegte, auch um Ruederer Gerechtigkeit widerfahren zu lassen und ihn »aus dem Windschatten seines Schriftstellerkollegen Ludwig Thoma« [57] zu holen, da waren die Reaktionen erneut zwiespältig. Wolfgang Görl schrieb in seiner Kritik in der Süddeutschen Zeitung: »Es ist schon ärgerlich, dass der fabelhafte Schriftsteller Josef Ruederer heute kaum mehr gelesen wird.« Und: »Es wäre ein Jammer, würde auch dieses Buch den Anspruch verfehlen, den Schriftsteller Ruederer dem Vergessen zu entreißen.«[58] Doch genau dies befürchtet der Publizist und Literaturkritiker Klaus Hübner, der Ruederer zu Recht im Schatten Thomas sieht: »Es ist zu wünschen, dass die Neuausgabe dennoch ihre Leser findet und dass sie mehr befriedigt als nur das antiquarische Interesse und das der Germanistik. Zu erwarten ist es nicht.«[59]

Erwähnenswert ist noch, dass Michael Lerchenberg, der Intendant der erfolgreichen Luisenburg-Festspiele bei Wunsiedel, dort im Jahr 2013 Josef Ruederers Stück »Die Fahnenweihe« inszeniert hat. Auf der Internetseite der Festspiele wurde das Stück angekündigt als »spannende Wiederentdeckung einer bösen Komödie über Kommunalpolitik, Grundstückspekulation, Vereinsmeierei, Tourismus, Profitgier, Fremdenverkehrsgaudi und Doppelmoral ganz im Stil von Ludwig Thoma«. Auch wenn hier wieder Ludwig Thoma als Maßstab für Josef Ruederer herhalten muss, bei aller Abneigung, die sie zu Lebzeiten gegeneinander hegten – diese Neuinszenierung hat doch Ruederer wieder mehr ins öffentliche Interesse zurückge-

[57] Josef Ruederer, München [1907]. Herausgegeben und kommentiert von Walter Hettche und Waldemar Fromm, München 2012.

[58] Wolfgang Görl, Verschmähter Liebhaber. Josef Ruederers »München«-Buch von 1907 wurde neu aufgelegt, in: Süddeutsche Zeitung vom 25. Januar 2013.

[59] Klaus Hübner, Eine Liebeserklärung von gestern. Josef Ruederer – zu Recht in Thomas Schatten, in: Literatur in Bayern 112 (2013), S. 51–52.

holt, nicht zuletzt weil auch das Bayerische Fernsehen die Aufführung in voller Länge aufgezeichnet und gesendet hat.

Das Schlusswort soll der Literaturwissenschaft gehören. Die ausführlichste Würdigung von Josef Ruederer legte bislang die Germanistin Claudia Müller-Stratmann vor, die auch am gründlichsten den Nachlass Ruederers in der Monacensia ausgewertet hat. In ihrer 1992 vorgelegten und zwei Jahre später gedruckten Regensburger Dissertation (bei Prof. Bernhard Gajek) über »Josef Ruederer (1861–1915). Leben und Werk eines Münchner Dichters der Jahrhundertwende« kommt sie zu folgendem Resümee:

> »Ruederer zu würdigen heißt, ihn nicht auf seine Herkunft festzuschreiben, sondern auf die Gegensätze und Widersprüchlichkeiten seiner Persönlichkeit und seines Werkes einzugehen. Der Mentor der Münchner Moderne konnte gleichzeitig in literarischen Vereinen den Nachwuchs fördern und aus Konkurrenzdruck und Profilierungsstreben die künstlerischen Kollegen auszustechen versuchen. Er analysierte die gefährlichen Potentiale des Massenmediums Presse und nutzte gleichzeitig für sich diese Einsichten im Kampf um Einfluss und Position. Er stellte schon sehr früh die Funktionalisierung von Heimat im Rahmen der bayerischen Kultur- und Fremdenindustrie bloß, eröffnete die kritische bayerische Provinzliteratur, und scheute sich nicht, Landidylle und Fremdenhass das Wort zu reden. Sein Werk entwickelte sich aus der Epigonalität gründerzeitlicher Literatureinflüsse zur naturalistischen Bühnen- und Prosakunst, um sich nach der Überwindung der naturalistischen Phase weiterhin gegen die ästhetizistische und dekadente Jahrhundertwende abzugrenzen. […] Als Stadtsatiriker begegnen seine Schärfe, seine intellektuelle Allusionskraft wie gestalterische Vielfalt und die Problematik der Zeitgebundenheit ebenbürtig dem Wiener Karl Kraus.«[60]

[60] Claudia Müller-Stratmann, Josef Ruederer (1861–1915). Leben und Werk eines Münchner Dichters, der Jahrhundertwende (Regensburger Beiträge zur deutschen Sprach- und Literaturwissenschaft, hrsg. von Bernhard Gajek, Reihe B / Untersuchungen, Band 56), Frankfurt am Main 1994, S. 427f.

Anhang

Editorische Notiz

Vorabdruck:
Josef Ruederer: Das Grab des Herrn Schefbeck. Novelle, in: Süddeutsche Monatshefte, Jahrgang 6, Heft 1, München 1909

Erste Buchausgabe:
Verlag Süddeutsche Monatshefte, München 1912 (Widmung: Frau Hanna Rüdinger geb. Vogl zu eigen)

Textgrundlage für den Abdruck der Erzählung in diesem Band ist die von Hans-Reinhard Müller herausgegebene Werkausgabe in fünf Bänden, Band 4: München. Bierheim und Isar-Athen. Satiren und Erzählungen, Textredaktion, Anmerkungen und Zeittafel Marlies Korfsmeyer, München 1987.

Abbildungsverzeichnis

Ebenfalls von Josef Ruederer im Allitera Verlag erschienen:

Josef Ruederer
MÜNCHEN
Herausgegeben, kommentiert und mit einem Nachwort versehen von Walter Hettche und Waldemar Fromm
180 S., Paperback, € 12.90
ISBN: 978-3-86906-336-2

Als eine Liebeserklärung an die Landeshauptstadt bezeichnete der Essayist Josef Hofmiller das 1907 für eine Stadtführerreihe geschriebene »München«-Buch Josef Ruederers. Doch die rigorose Kritik am spezlhaft verfilzten und überaus geschäftstüchtigen Isar-Establishment erweckt eher den Eindruck einer verzweifelten Kriegserklärung. Beißend polemisch und ohne Rücksicht auf jegliche Konventionen setzte Ruederer, zerrissen zwischen heftiger Abneigung und tiefer Verbundenheit, seiner Heimatstadt ein literarisches Denkmal eigener Prägung. Selbstverständlich nahm ihm die kulturell tonangebende Schicht Münchens seine Offenheit übel. Nie konnte Ruederer aus dem Windschatten seines Schriftstellerkollegen Ludwig Thoma treten – zu Unrecht, wie die Wiederauflage eines seiner Hauptwerke zeigt.

Freuen wir uns auf künftige Neuauflagen seiner Werke!
Klaus Bovers, MUH

Weitere Bücher aus der Reihe »edition monacensia«:

Emma Hauhofer-Merk
ALT-MÜNCHNER ERZÄHLUNGEN
Herausgegeben sowie mit einem
Vor- und Nachwort versehen von
Ingvild Richardsen
248 S., Paperback, € 16.90
ISBN: 978-3-86906-706-3

Die in München alteingesessene Schriftstellerin Emma Haushofer-Merk war bei ihren Zeitgenossen hoch geschätzt. »Eine der besten Kennerinnen alter Gebräuche und Sitten (...) des alten, fast vergessenen Münchens, in dem ihre Familie ihr Tradition und Erinnerung überliefert hat«, schwärmte zum Beispiel Gräfin Eva von Baudissin. Emma Haushofer-Merk wurde bislang von der Wissenschaft fast ausschließlich im Spiegel ihres Engagements für den »Münchner Schriftstellerinnen-Verein« gesehen. Dass sie ihre Erzählkunst meisterlich beherrschte und mit Humor und genauem Blick »ihr« München lebendig werden ließ, ist darüber beinahe in Vergessenheit geraten. Die Neuauflage ihrer »Geschichten aus dem alten München« ist daher eine kleine kostbare Rarität, in die ein Vorwort von Ingvild Richardsen kompetent einführt.

Carry Brachvogel
IM WEISS-BLAUEN LAND
Bayerische Bilder.
Text der Erstausgabe von 1923
Herausgegeben sowie mit einem Vor- und Nachwort versehen von Ingvild Richardsen
152 S., Paperback, € 12.90
ISBN: 978-3-86906-468-0

Carry Brachvogel bereist Bayern, spürt historischen Begebenheiten und Anekdoten nach und beschreibt mit Witz und einer scharfen Beobachtungsgabe Eigenheiten von Städten, Landschaften und Menschen – auf dem Weg nach Altötting oder auf einer Floßfahrt, beim Almtanz oder im Englischen Garten, zu Besuch in Regensburg oder in Münchner Wirtschaften. Ein starkes literarisches Kleinod, das ganz ohne süßliche Heimatverehrung und falsches Pathos auskommt.